弈品阁

象棋实战训练丛书

象棋杀法

600题

周晓朴 刘锦祺 编著

（1~2步杀）

U0314541

化学工业出版社

·北京·

图书在版编目（CIP）数据

象棋杀法600题.1 ～ 2步杀 / 周晓朴，刘锦祺编著
. —北京：化学工业出版社，2024.1
（象棋实战训练丛书）
ISBN 978-7-122-44484-4

Ⅰ.①象… Ⅱ.①周…②刘… Ⅲ.①中国象棋—棋
谱 Ⅳ.①G891.2

中国国家版本馆CIP数据核字（2023）第225732号

责任编辑：杨松淼　　　　　　　　　　　装帧设计：刘丽华
责任校对：李露洁

出版发行：化学工业出版社（北京市东城区青年湖南街13号　邮政编码100011）
印　　装：大厂聚鑫印刷有限责任公司
880mm×1230mm　1/32　印张5¾　字数200千字　2024年1月北京第1版第1次印刷

购书咨询：010-64518888　　　　　　售后服务：010-64518899
网　　址：http：//www.cip.com.cn
凡购买本书，如有缺损质量问题，本社销售中心负责调换。

定　　价：39.80元　　　　　　　　　　版权所有　违者必究

前　言

象棋杀法是象棋艺术中最精彩、也最具欣赏价值的部分，它如同足球比赛中的临门一脚，又好像电影中扣人心弦的情节高潮，更似一首乐曲中最动人的旋律篇章。一个个精妙绝伦的杀法，令观棋者赏心悦目，拍案叫绝。

早些年笔者曾出版过一套《象棋杀法4000题》，市场反响尚可，但也曾收到教学机构的教练以及热心读者指出的书中存在的不足之处。大家的意见普遍集中于以下两点：一是题的难度有些大，初学者不太适应，用作教学的辅助资料时，也容易造成一些不必要的"麻烦"；二是基础题量偏小，特别是一步杀和两步杀的题量略显不足，初学者尚未找到杀棋的感觉，就要被迫应对回合数更高、难度更大的习题了。因此，笔者经过精心筛选和编排，编写了这套"象棋实战训练丛书"。其中第1册《象棋杀法600题》，题型均为1-2步杀；第2册《象棋杀法500题》，题型均为3-4步杀；第3册《象棋杀法400题》，题型均为5-6步杀。

本书是第一册，面向的群体主要是刚刚接触象棋的初学者。

全书的内容分为两章，第一章有300道题（从第1局到300局），为一步杀练习；第二章同样是300道题（从第301局到600局），为两步杀练习。全部600道题的参考答案统一放在习题的后边。这里需要特别说明的是，参考答案给出的着法一定是最优解之一，但不见得是回合数要求范围内唯一的解法。欢迎读者朋友们举一反三，思考是否存在多种同等高效的杀法选择。但一定要注意，如没能在规定的回合内完成杀棋，即便同样可成杀，在本书中也视为解法不正确。

由于习题及着法数量较多，且成书较为匆忙，加之笔者水平有限，书中若有纰漏之处，欢迎广大读者批评指正，先致谢意。

编著者

2024 年 1 月

目录

第一章　1步杀

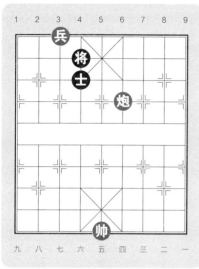

第1题

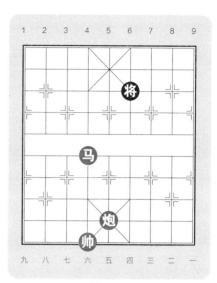

第2题

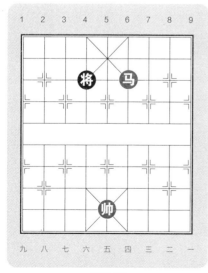

第3题

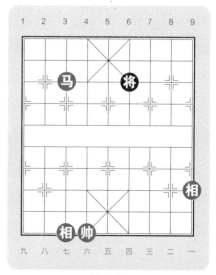

第4题

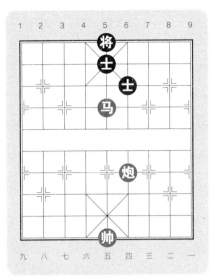

第5题

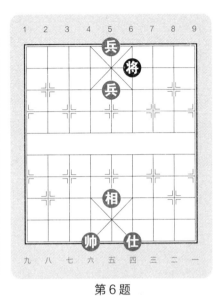

第6题

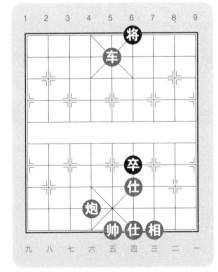

第7题

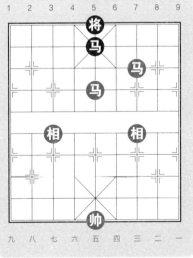

第8题

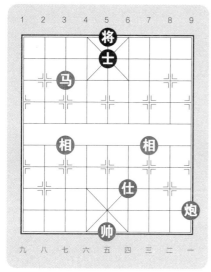

第 9 题

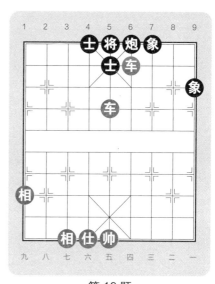

第 10 题

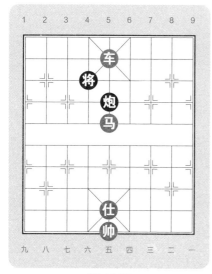

第 11 题

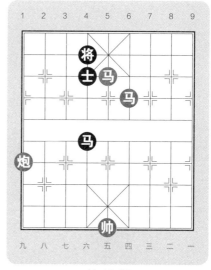

第 12 题

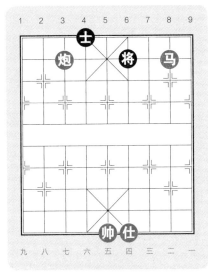

第13题

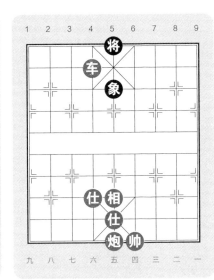

第14题

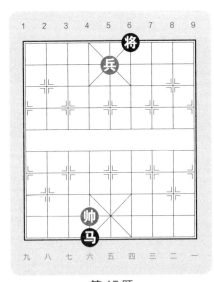

第15题

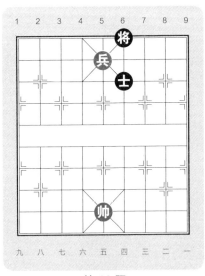

第16题

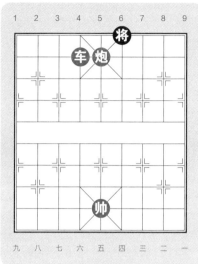

第 17 题

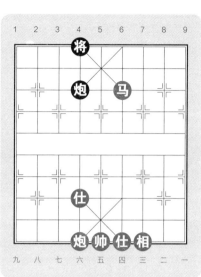

第 18 题

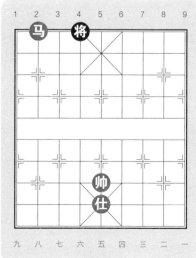

第 19 题

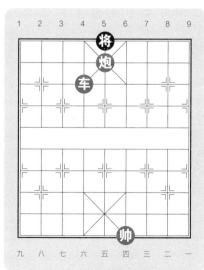

第 20 题

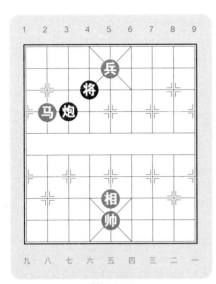

第21题

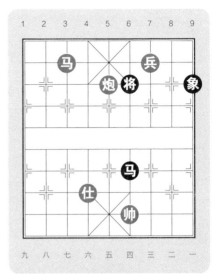

第22题

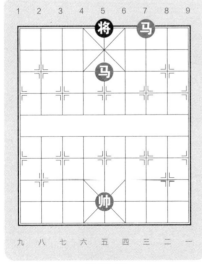

第23题

第24题

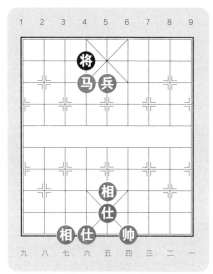

第 25 题

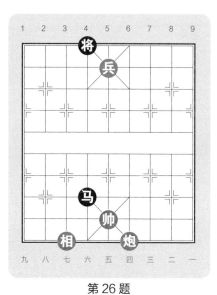

第 26 题

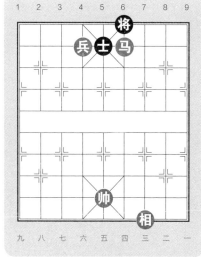

第 27 题

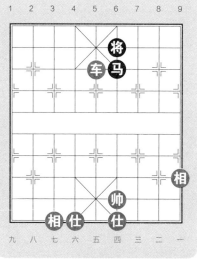

第 28 题

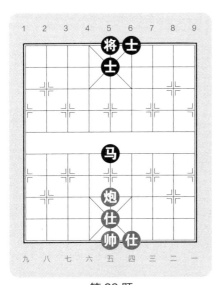

第 29 题

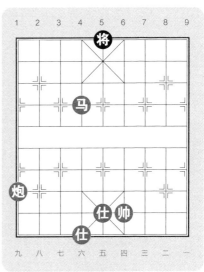

第 30 题

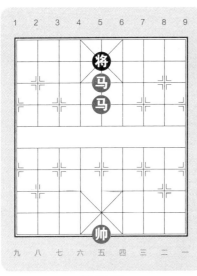

第 31 题

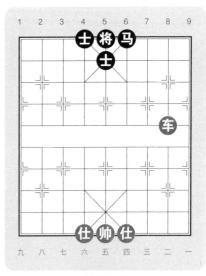

第 32 题

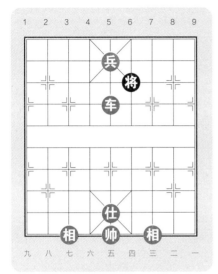

第 33 题

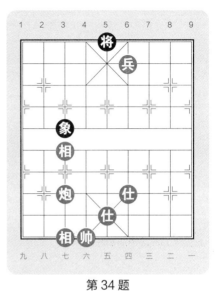

第 34 题

第 35 题

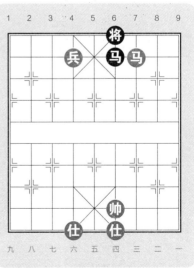

第 36 题

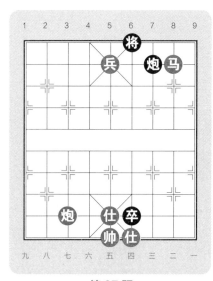

第 37 题

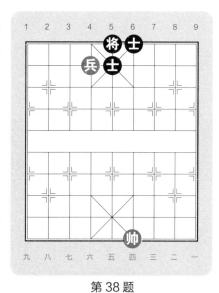

第 38 题

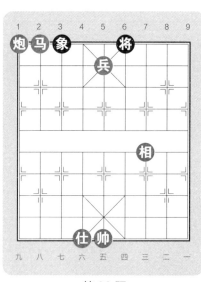

第 39 题

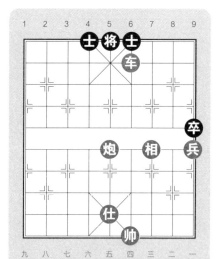

第 40 题

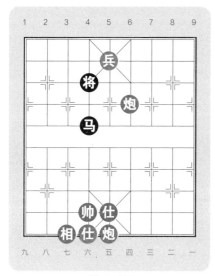

第41题

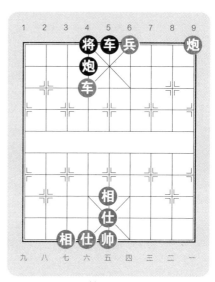

第42题

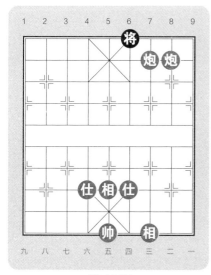

第43题

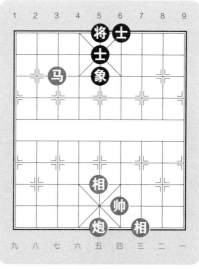

第44题

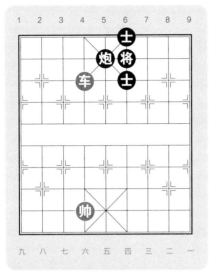

第 45 题

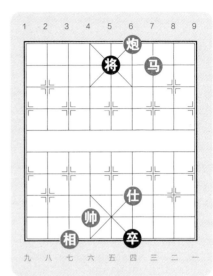

第 46 题

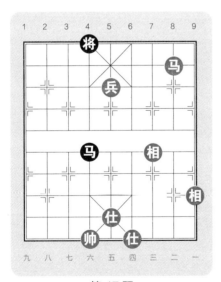

第 47 题

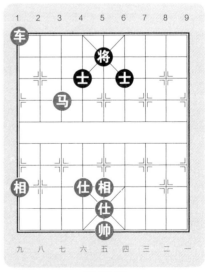

第 48 题

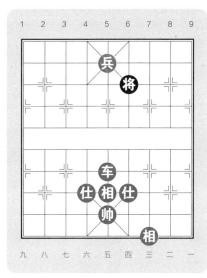

第 49 题

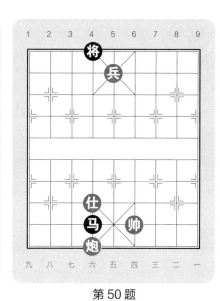

第 50 题

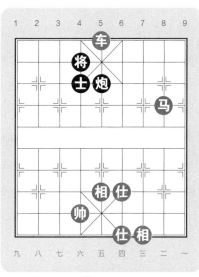

第 51 题

第 52 题

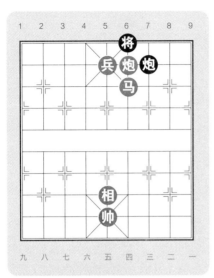

第 53 题

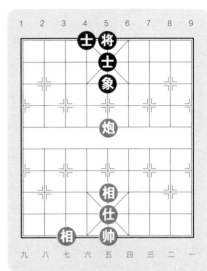

第 54 题

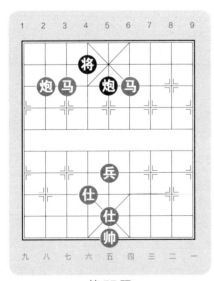

第 55 题

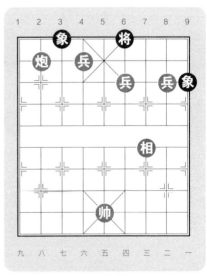

第 56 题

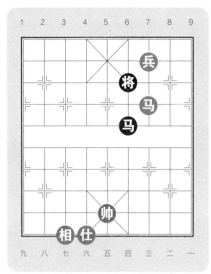

第 57 题

第 58 题

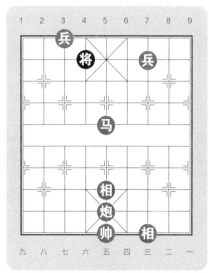

第 59 题

第 60 题

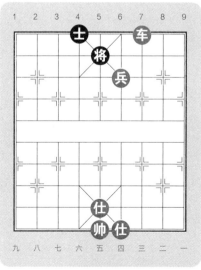

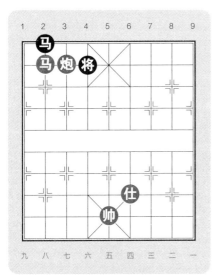

第61题

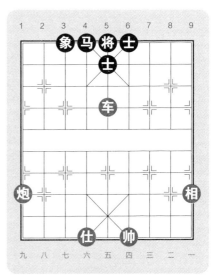

第62题

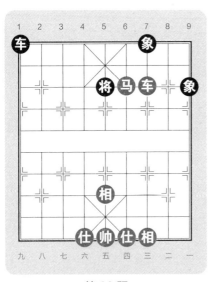

第63题

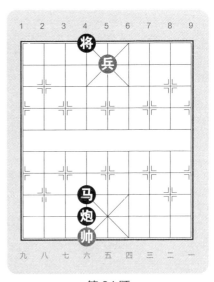

第64题

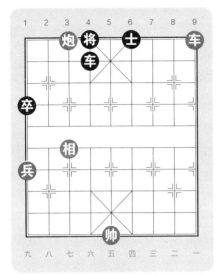

第65题

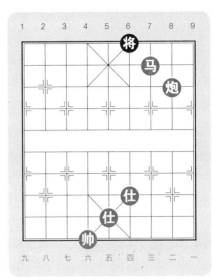

第66题

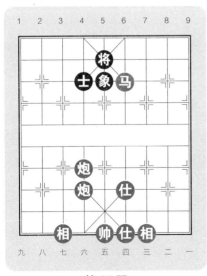

第67题

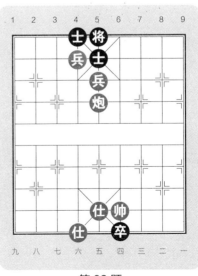

第68题

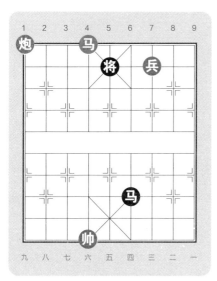

第 69 题

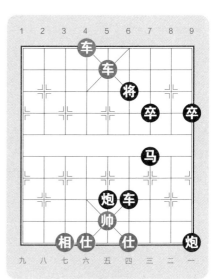

第 70 题

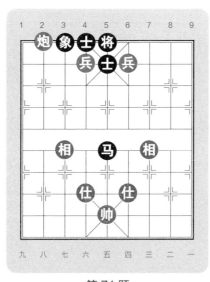

第 71 题

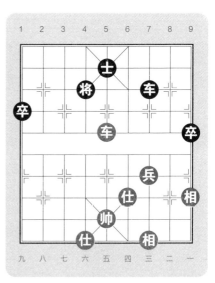

第 72 题

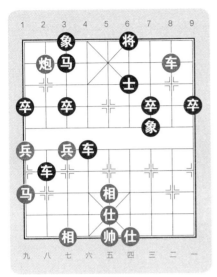

第73题

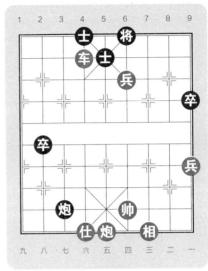

第74题

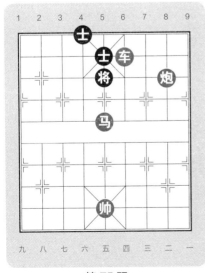

第75题

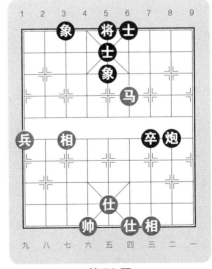

第76题

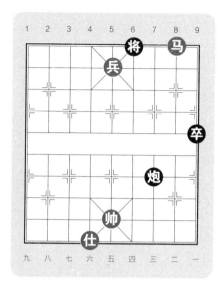

第77题

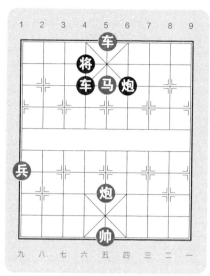

第78题

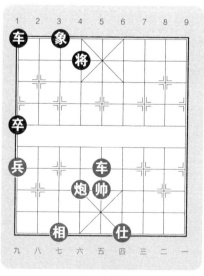

第79题

第80题

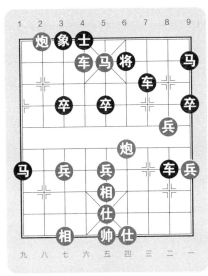

第81题

第82题

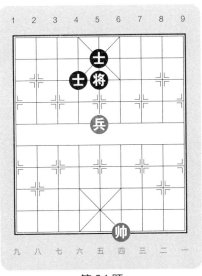

第83题

第84题

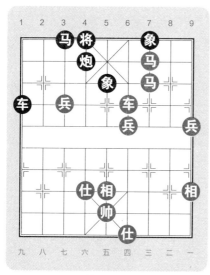

第85题

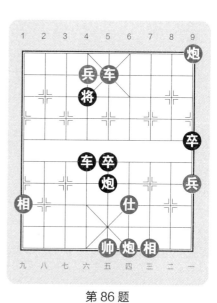

第86题

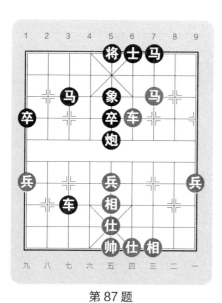

第87题

第88题

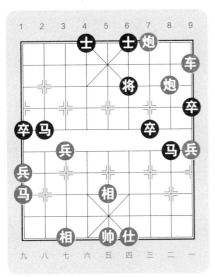

第89题

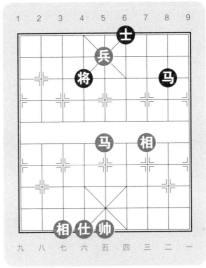

第90题

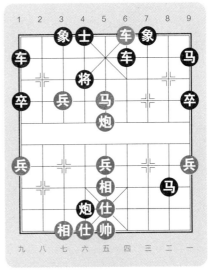

第91题

第92题

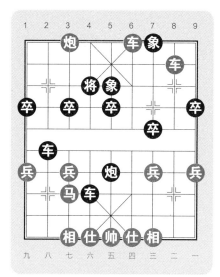

第93题

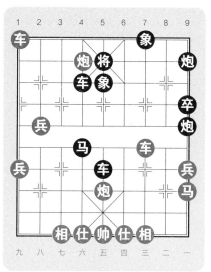

第94题

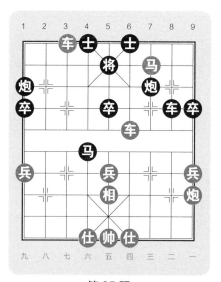

第95题

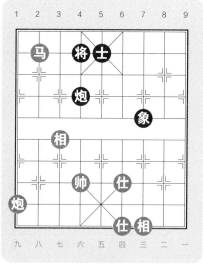

第96题

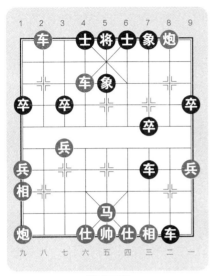

第97题

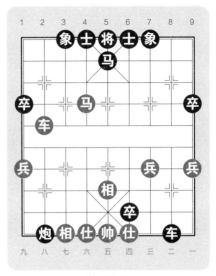

第98题

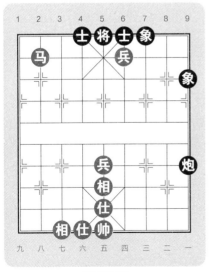

第99题

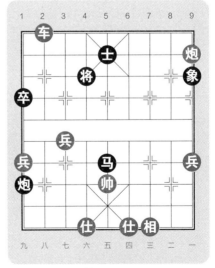

第100题

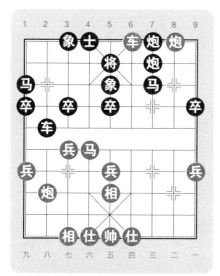

第101题

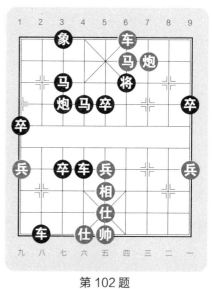

第102题

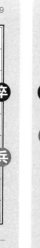

第103题

第104题

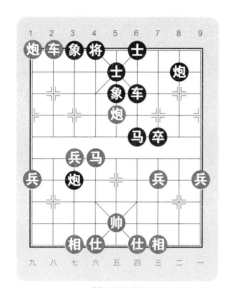

第 105 题

第 106 题

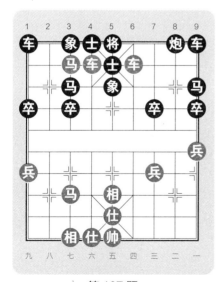

第 107 题

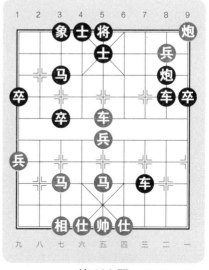

第 108 题

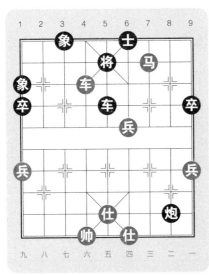

第 109 题

第 110 题

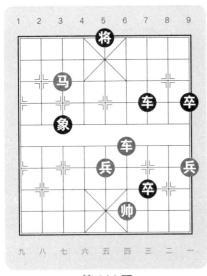

第 111 题

第 112 题

028

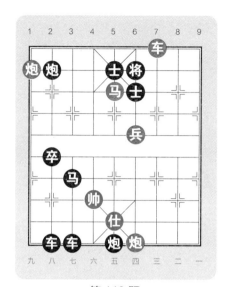

第 113 题

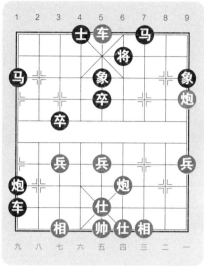

第 114 题

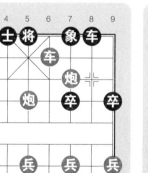

第 115 题

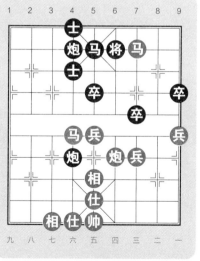

第 116 题

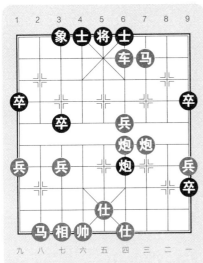

第 117 题

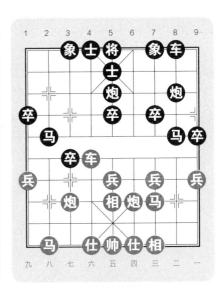

第 118 题

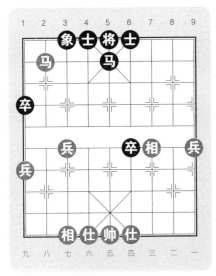

第 119 题

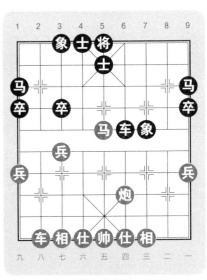

第 120 题

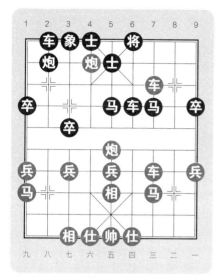

第 121 题

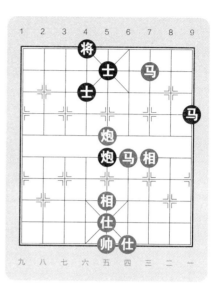

第 122 题

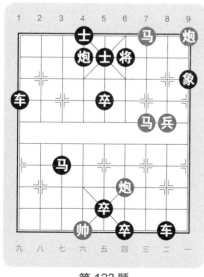

第 123 题

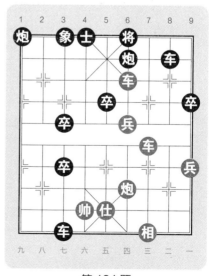

第 124 题

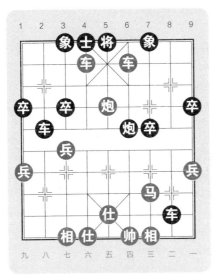

第 125 题

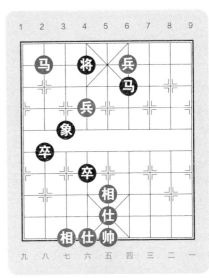

第 126 题

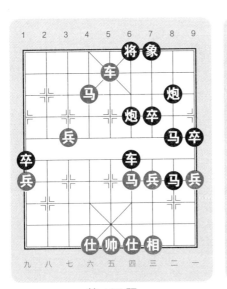

第 127 题

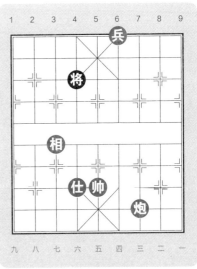

第 128 题

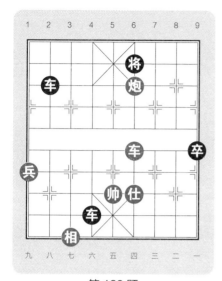

第 129 题

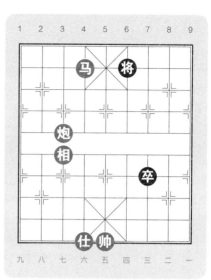

第 130 题

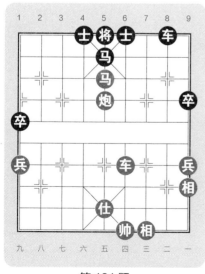

第 131 题

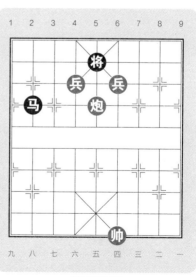

第 132 题

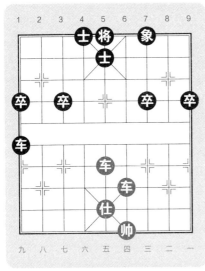

第133题

第134题

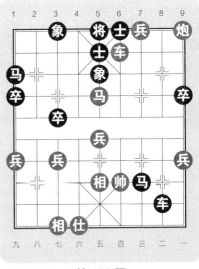

第135题

第136题

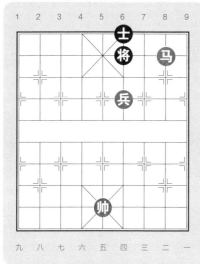

第 137 题

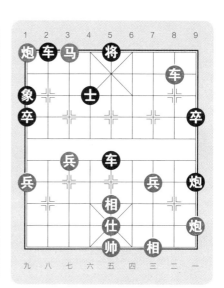

第 138 题

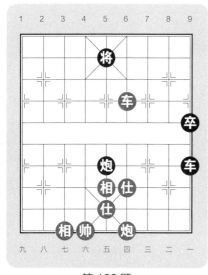

第 139 题

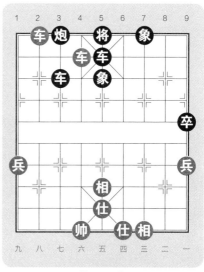

第 140 题

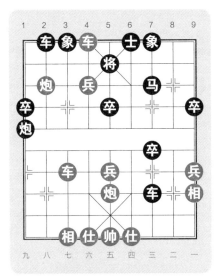

第 141 题

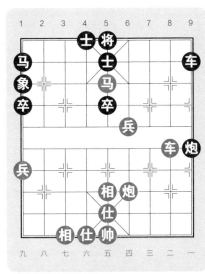

第 142 题

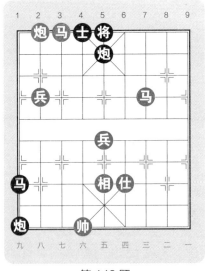

第 143 题

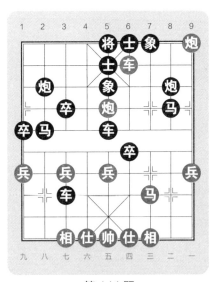

第 144 题

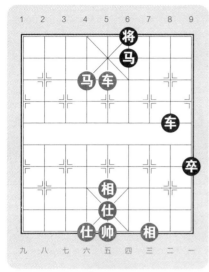

第 145 题

第 146 题

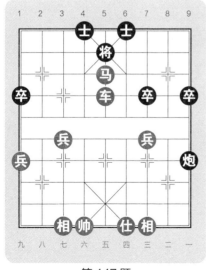

第 147 题

第 148 题

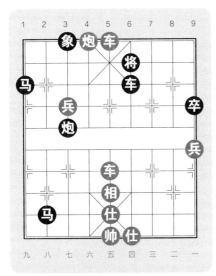

第 149 题

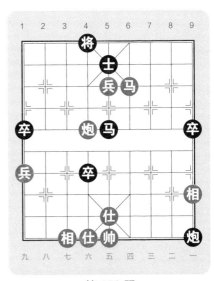

第 150 题

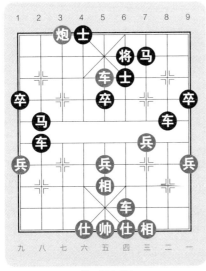

第 151 题

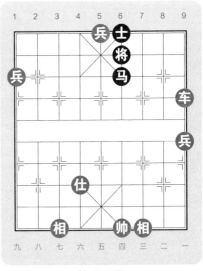

第 152 题

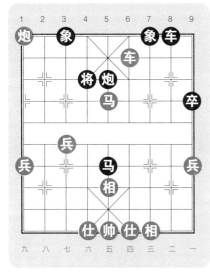

第 153 题

第 154 题

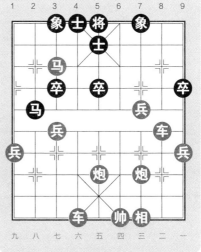

第 155 题

第 156 题

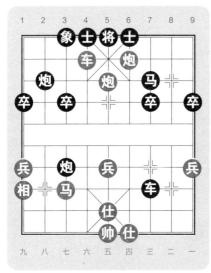

第 157 题

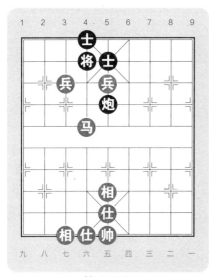

第 158 题

第 159 题

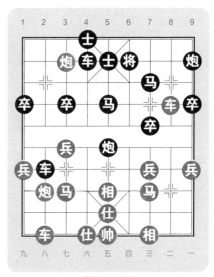

第 160 题

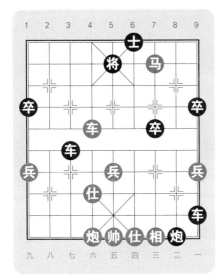

第 161 题

第 162 题

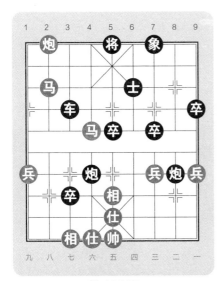

第 163 题

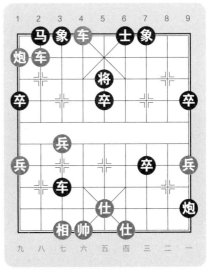

第 164 题

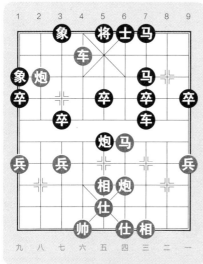

第 165 题

第 166 题

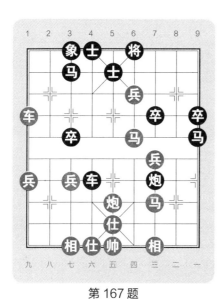

第 167 题

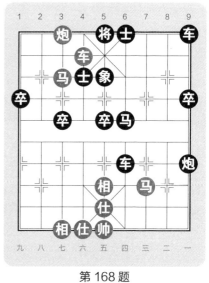

第 168 题

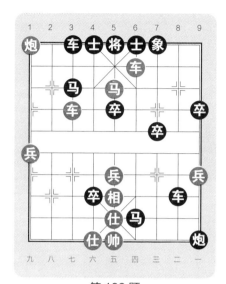

第 169 题

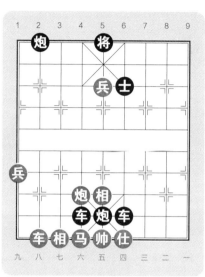

第 170 题

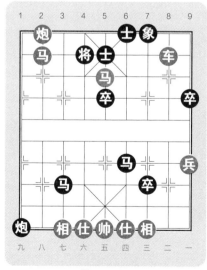

第 171 题

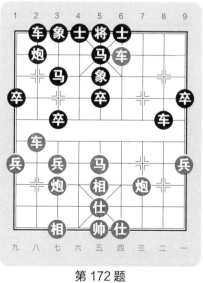

第 172 题

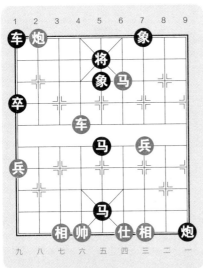

第 173 题

第 174 题

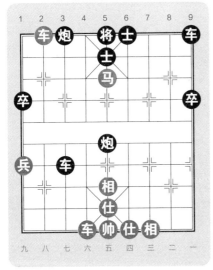

第 175 题

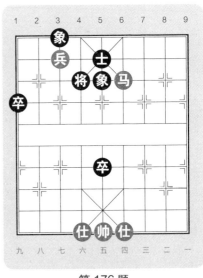

第 176 题

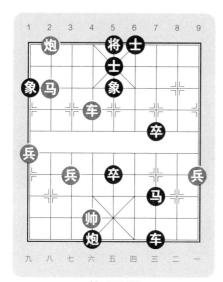

第 177 题

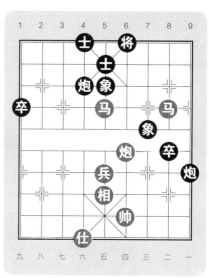

第 178 题

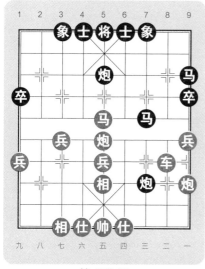

第 179 题

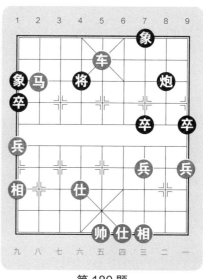

第 180 题

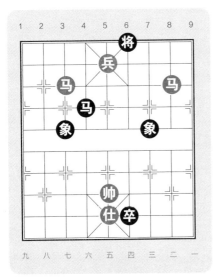

第 181 题

第 182 题

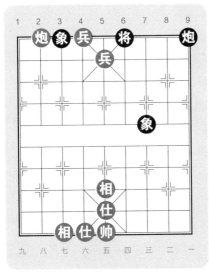

第 183 题

第 184 题

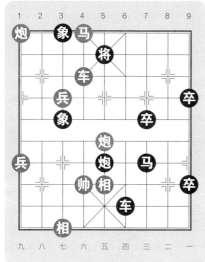

第 185 题

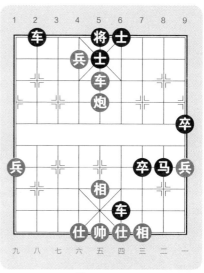

第 186 题

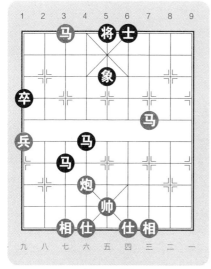

第 187 题

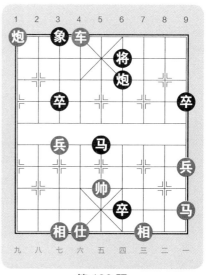

第 188 题

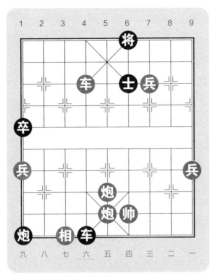

第 189 题

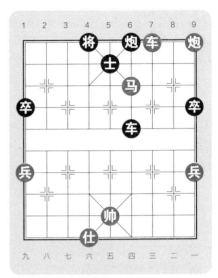

第 190 题

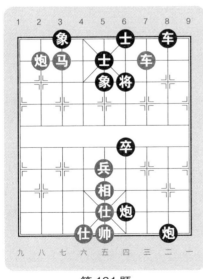

第 191 题

第 192 题

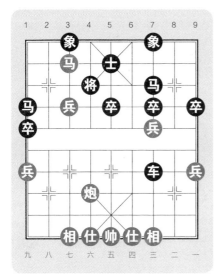

第 193 题

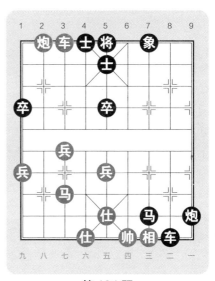

第 194 题

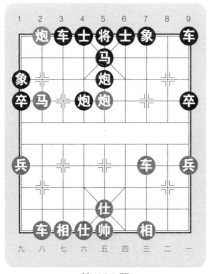

第 195 题

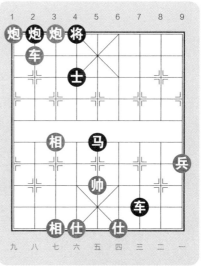

第 196 题

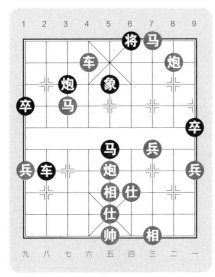

第 197 题

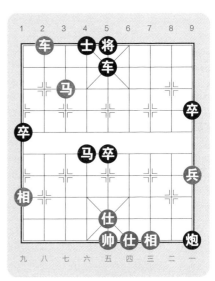

第 198 题

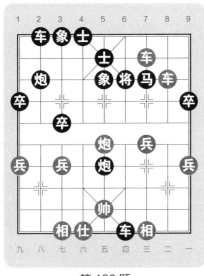

第 199 题

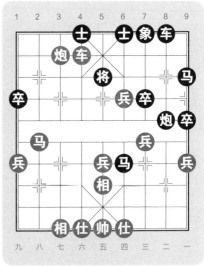

第 200 题

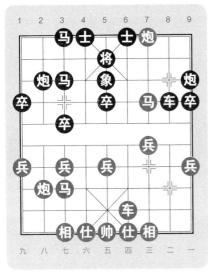

第 201 题

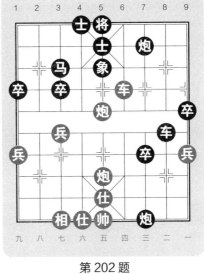

第 202 题

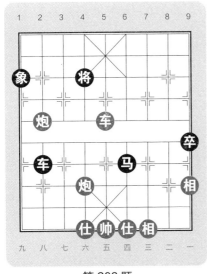

第 203 题

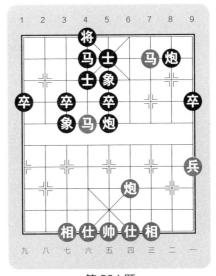

第 204 题

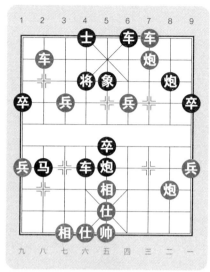

第 205 题

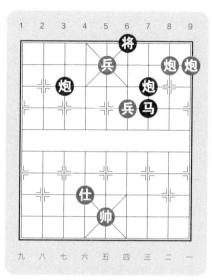

第 206 题

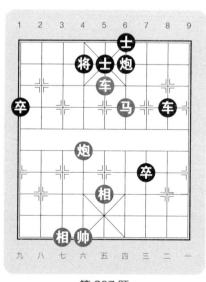

第 207 题

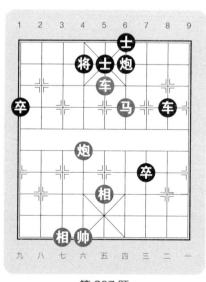

第 208 题

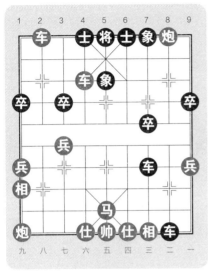

第 209 题

第 210 题

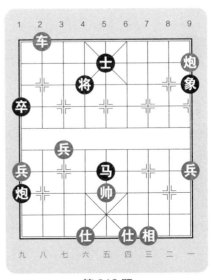

第 211 题

第 212 题

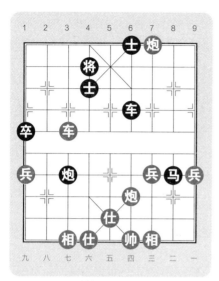

第213题

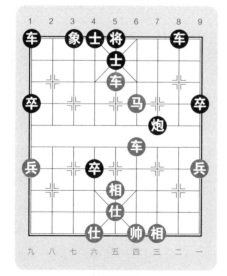

第215题

第214题

第216题

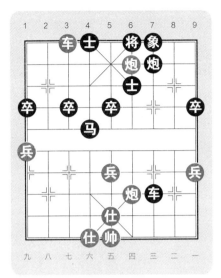

第 217 题

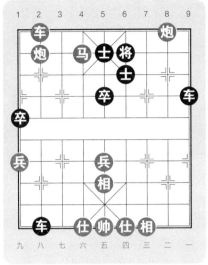

第 218 题

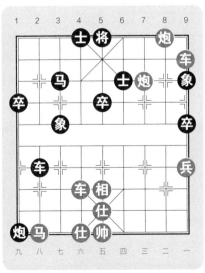

第 219 题

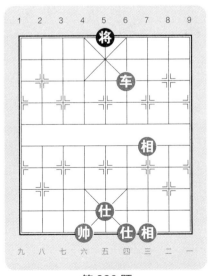

第 220 题

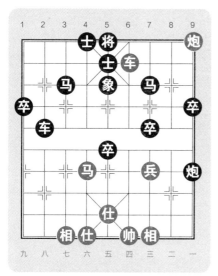

第 221 题

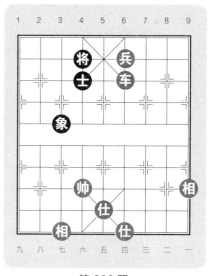

第 222 题

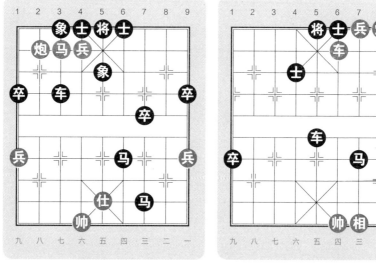

第 223 题

第 224 题

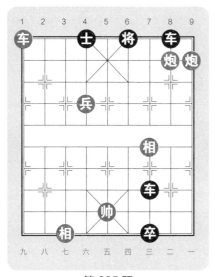

第 225 题

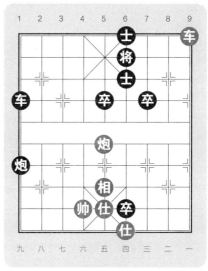

第 226 题

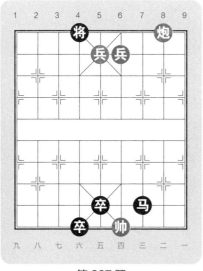

第 227 题

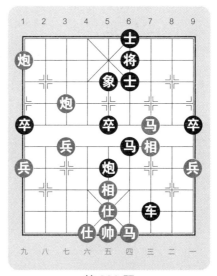

第 228 题

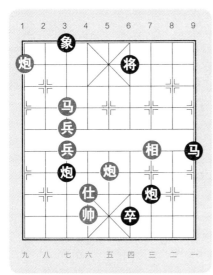

第 229 题

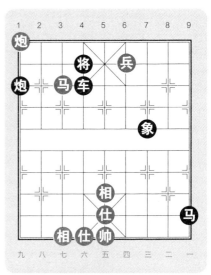

第 230 题

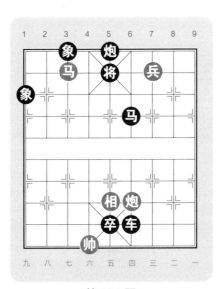

第 231 题

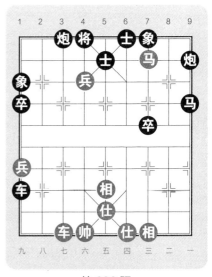

第 232 题

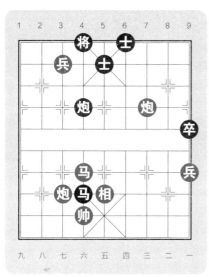

第 233 题

第 234 题

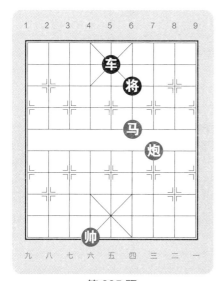

第 235 题

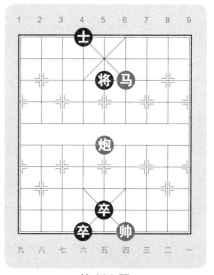

第 236 题

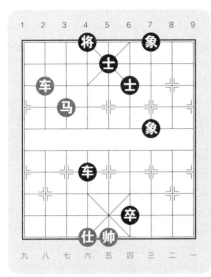

第 237 题

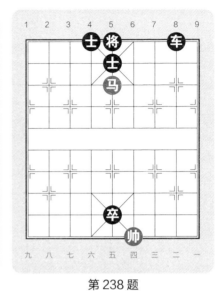

第 238 题

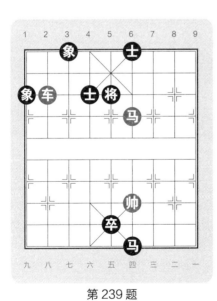

第 239 题

第 240 题

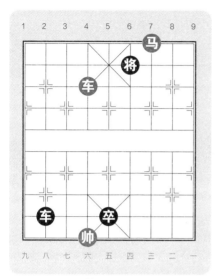

第 241 题

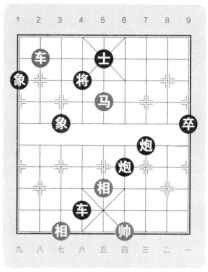

第 242 题

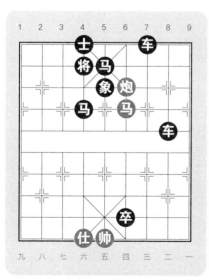

第 243 题

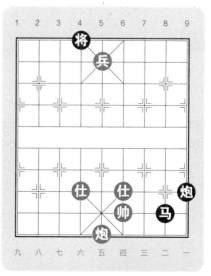

第 244 题

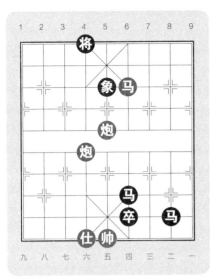

第 245 题　　　　　　第 246 题

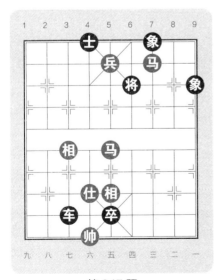

第 247 题　　　　　　第 248 题

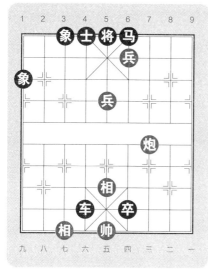

第 249 题

第 250 题

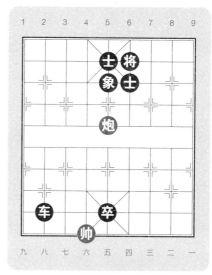

第 251 题

第 252 题

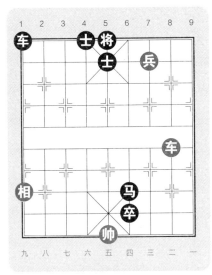

第 253 题

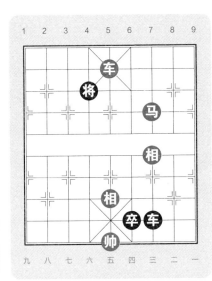

第 254 题

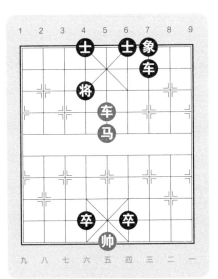

第 255 题

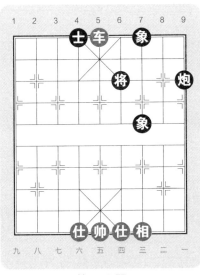

第 256 题

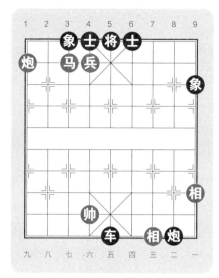

第 257 题

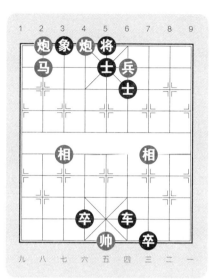

第 258 题

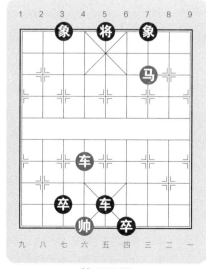

第 259 题

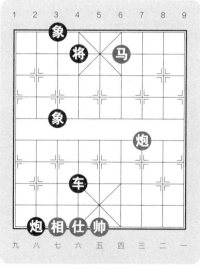

第 260 题

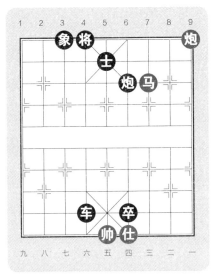

第261题

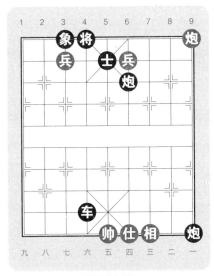

第263题

第262题

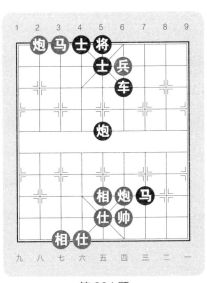

第264题

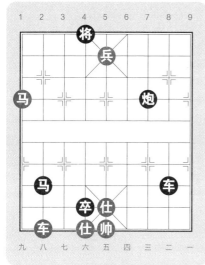

第 265 题

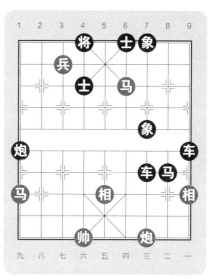

第 266 题

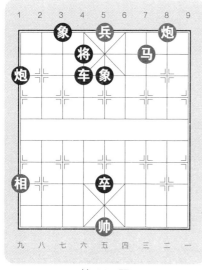

第 267 题

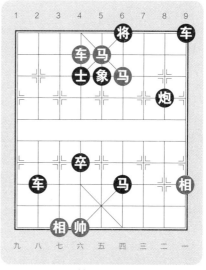

第 268 题

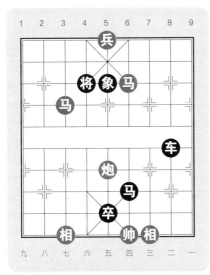

第269题

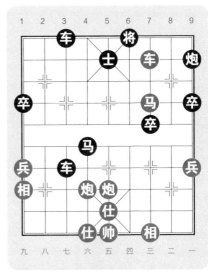

第270题

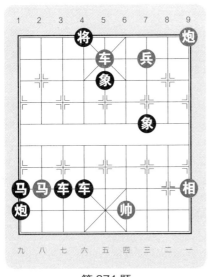

第271题

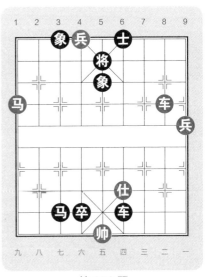

第272题

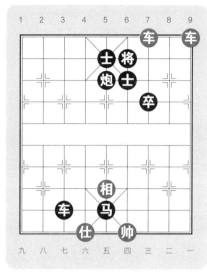

第 273 题

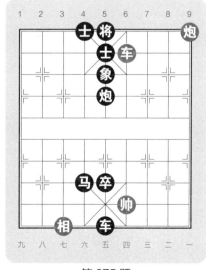

第 275 题

第 274 题

第 276 题

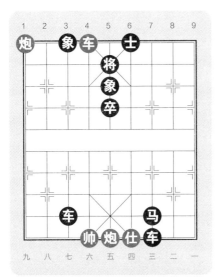

第 277 题

第 278 题

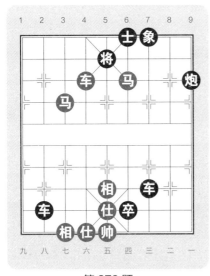

第 279 题

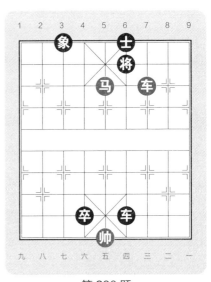

第 280 题

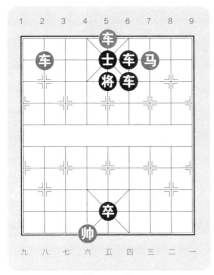

第281题

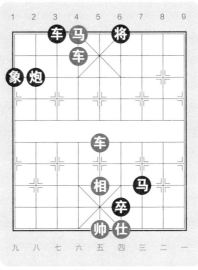

第282题

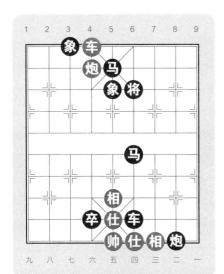

第283题

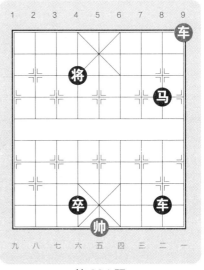

第284题

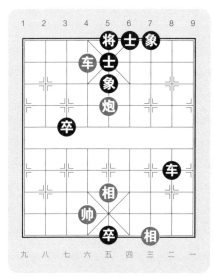

第 285 题

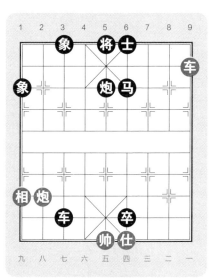

第 286 题

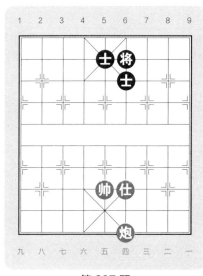

第 287 题

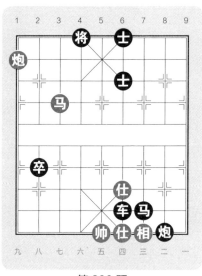

第 288 题

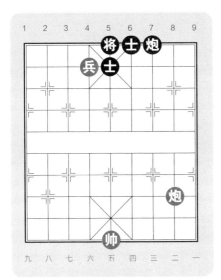

第 289 题

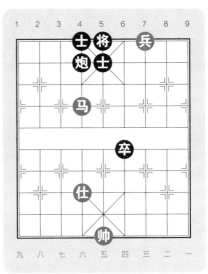

第 290 题

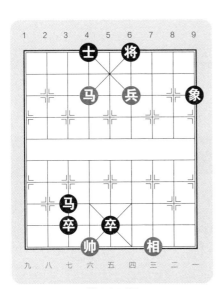

第 291 题

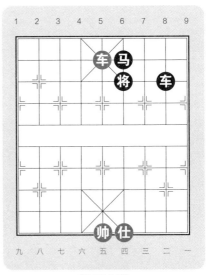

第 292 题

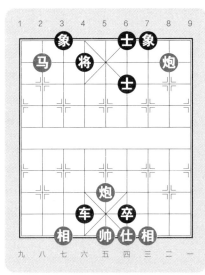

第 293 题

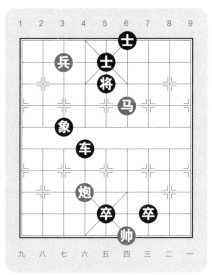

第 294 题

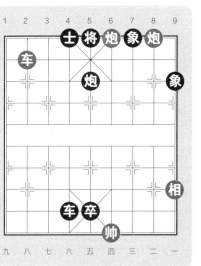

第 295 题

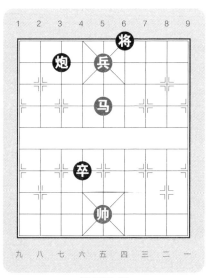

第 296 题

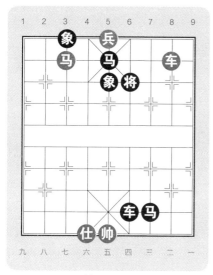

第 297 题

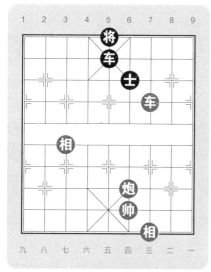

第 299 题

第 298 题

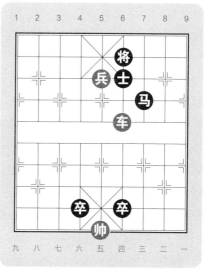

第 300 题

第二章　2步杀

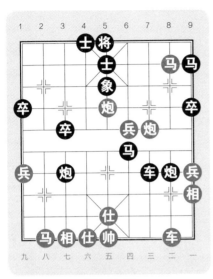

第301题

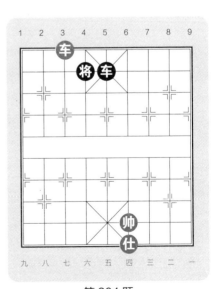

第302题

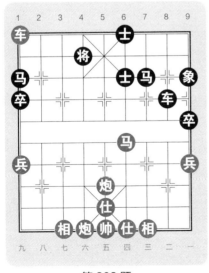

第303题

第304题

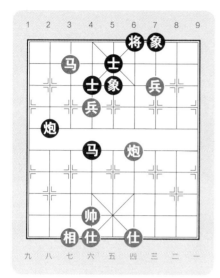

第 305 题

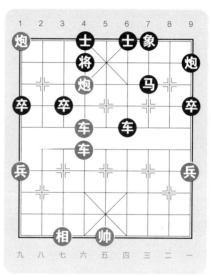

第 306 题

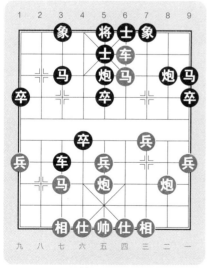

第 307 题

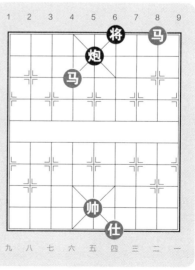

第 308 题

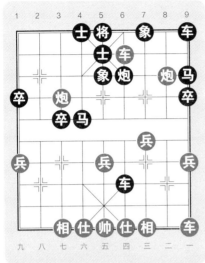

第 309 题

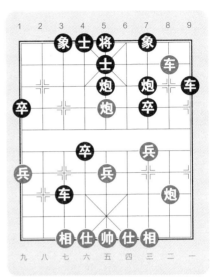

第 310 题

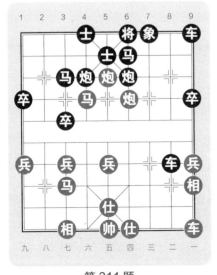

第 311 题

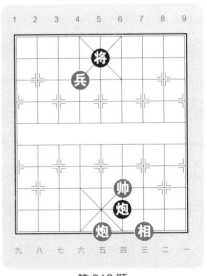

第 312 题

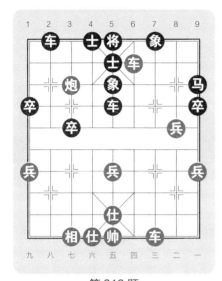

第 313 题

第 314 题

第 315 题

第 316 题

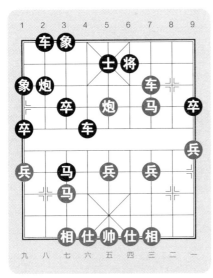

第 317 题

第 318 题

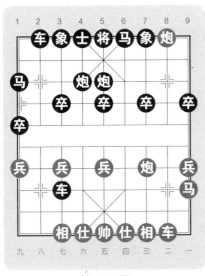

第 319 题

第 320 题

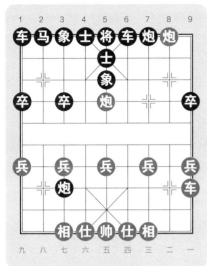

第 321 题

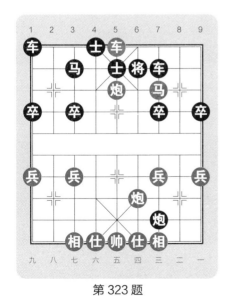

第 323 题

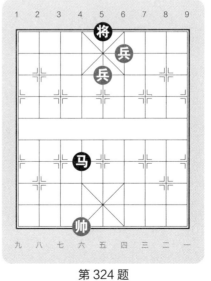

第 322 题

第 324 题

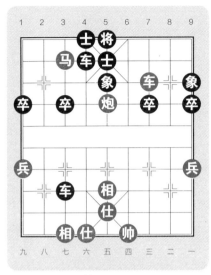

第 325 题

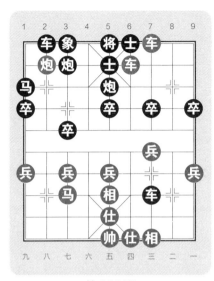

第 326 题

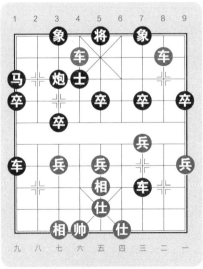

第 327 题

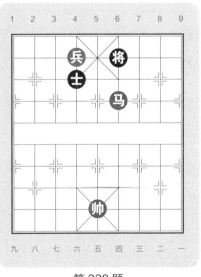

第 328 题

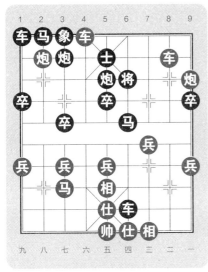

第 329 题

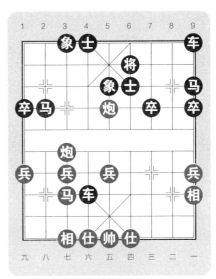

第 330 题

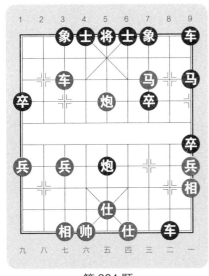

第 331 题

第 332 题

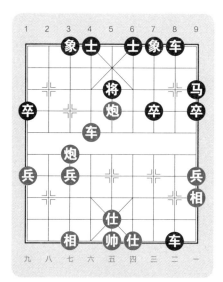

第 333 题

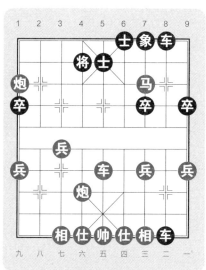

第 334 题

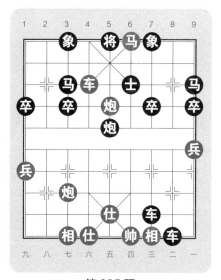

第 335 题

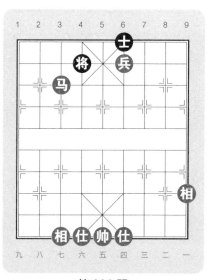

第 336 题

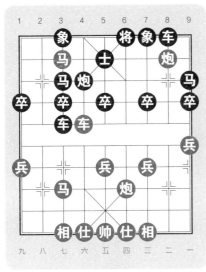

第 337 题

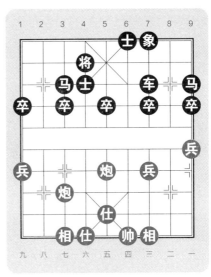

第 338 题

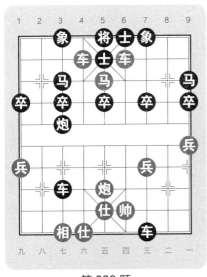

第 339 题

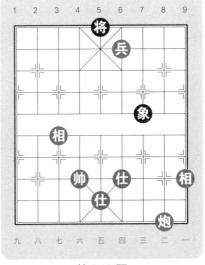

第 340 题

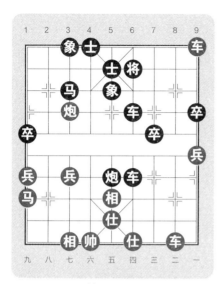

第 341 题

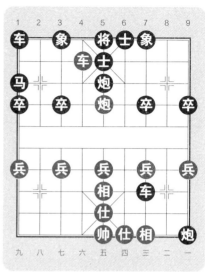

第 342 题

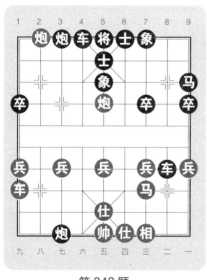

第 343 题

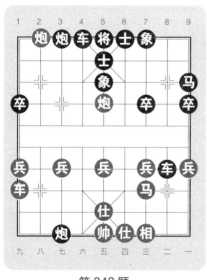

第 344 题

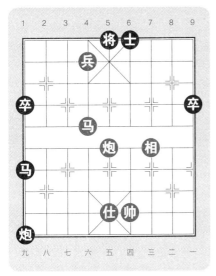

第 345 题

第 346 题

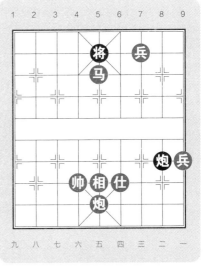

第 347 题

第 348 题

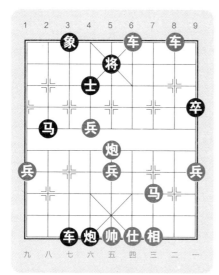

第 349 题

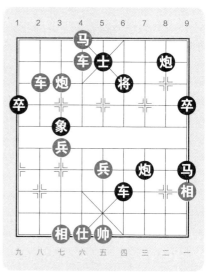

第 350 题

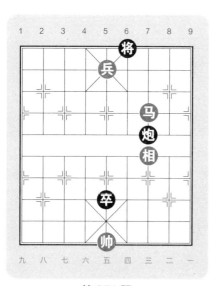

第 351 题

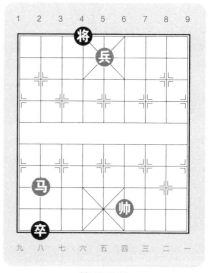

第 352 题

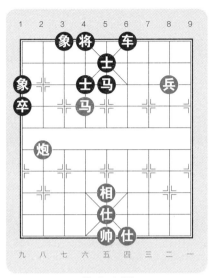

第 353 题

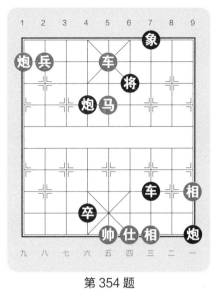

第 354 题

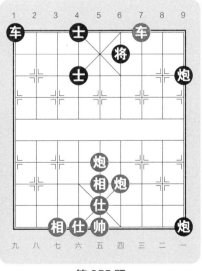

第 355 题

第 356 题

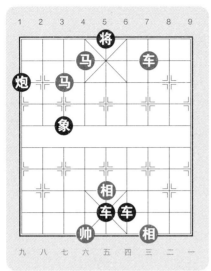

第 357 题

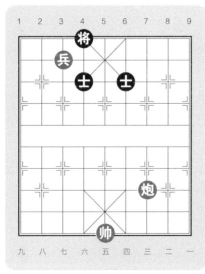

第 358 题

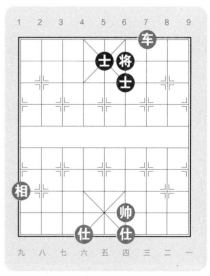

第 359 题

第 360 题

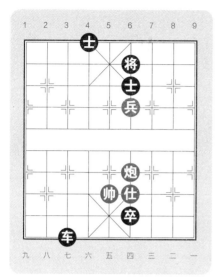

第 361 题

第 362 题

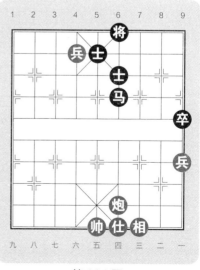

第 363 题

第 364 题

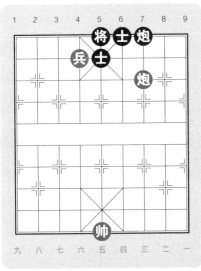

第 365 题

第 366 题

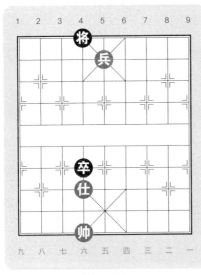

第 367 题

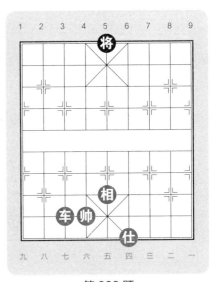

第 368 题

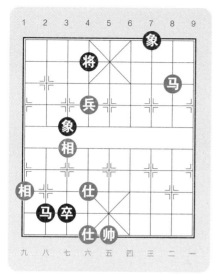

第 369 题

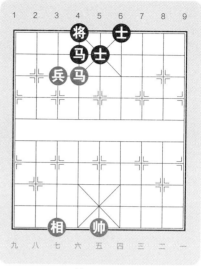

第 370 题

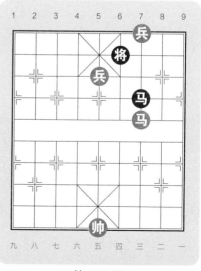

第 371 题

第 372 题

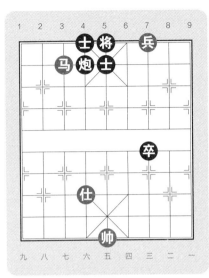

第 373 题

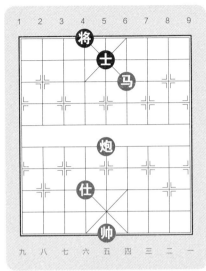

第 374 题

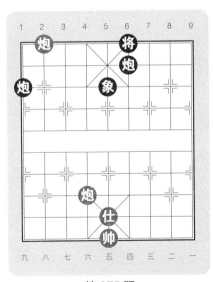

第 375 题

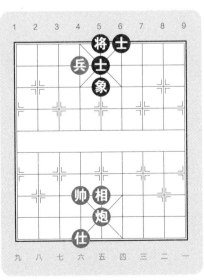

第 376 题

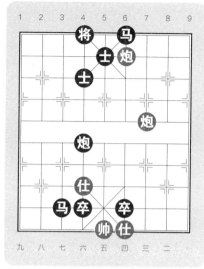

第 377 题

第 378 题

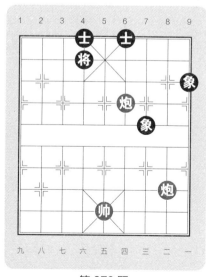

第 379 题

第 380 题

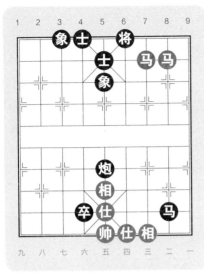

第 381 题

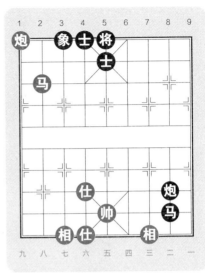

第 382 题

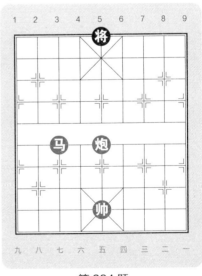

第 383 题

第 384 题

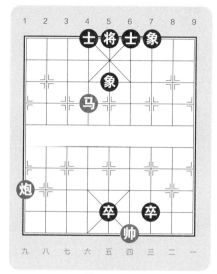

第 385 题

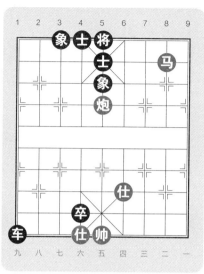

第 386 题

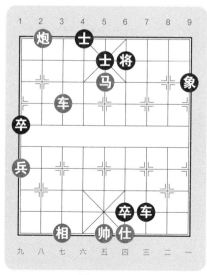

第 387 题

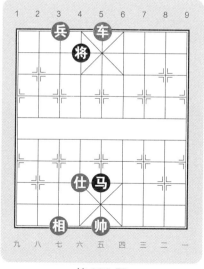

第 388 题

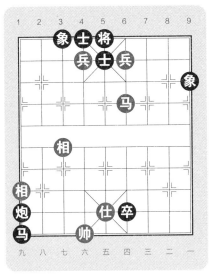

第389题

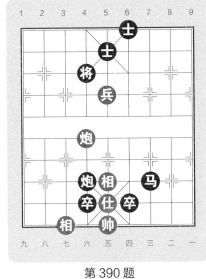

第390题

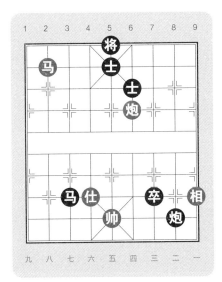

第391题

第392题

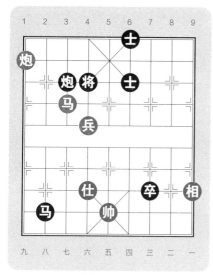

第 393 题

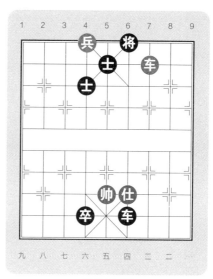

第 394 题

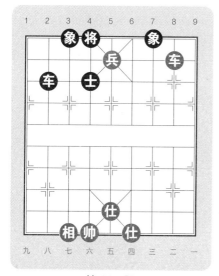

第 395 题

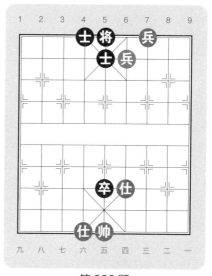

第 396 题

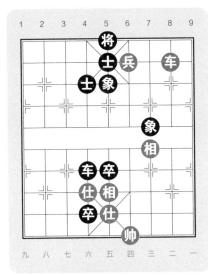

第 397 题

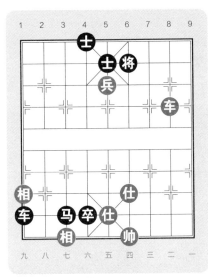

第 398 题

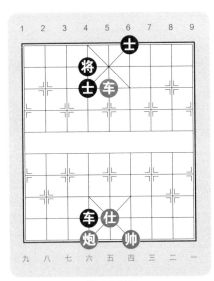

第 399 题

第 400 题

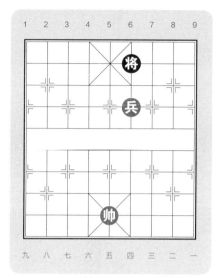

第 401 题

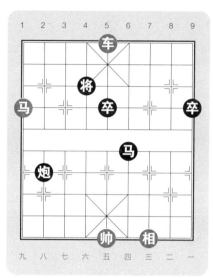

第 402 题

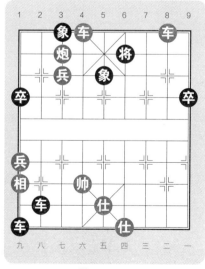

第 403 题

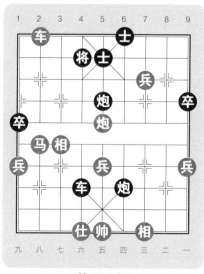

第 404 题

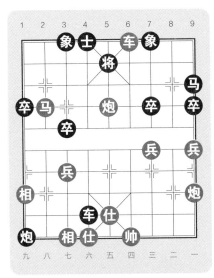

第 405 题

第 406 题

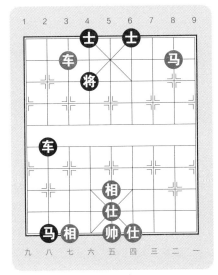

第 407 题

第 408 题

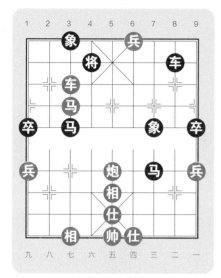

第 409 题

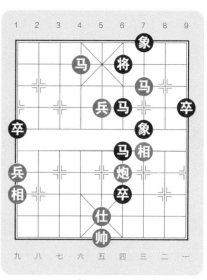

第 410 题

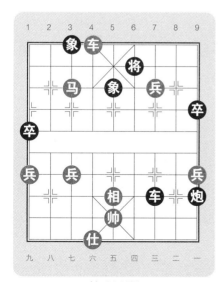

第 411 题

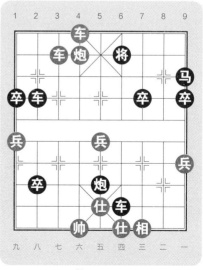

第 412 题

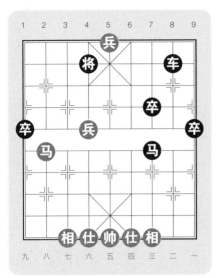

第413题

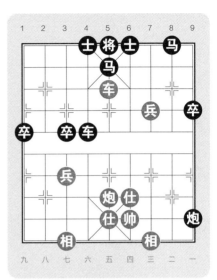

第414题

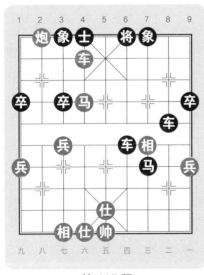

第415题

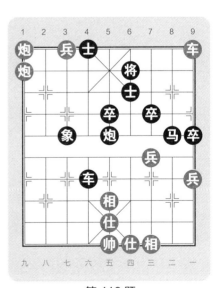

第416题

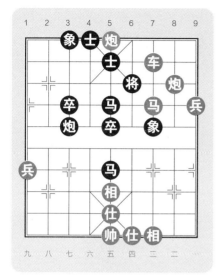

第417题

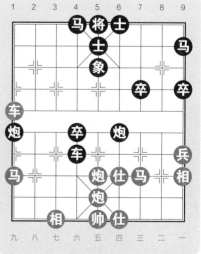

第418题

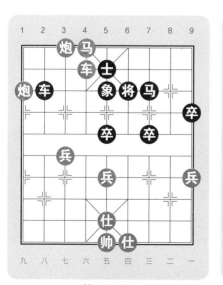

第419题

第420题

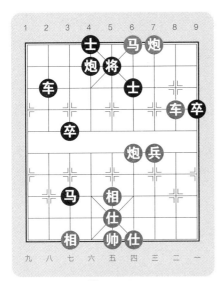

第 421 题

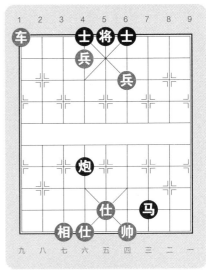

第 422 题

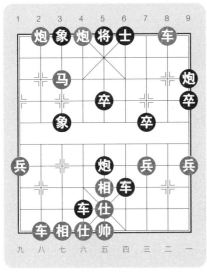

第 423 题

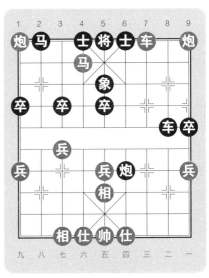

第 424 题

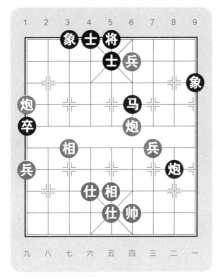

第 425 题

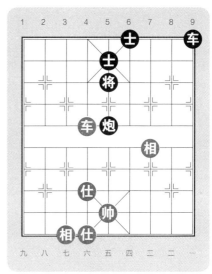

第 426 题

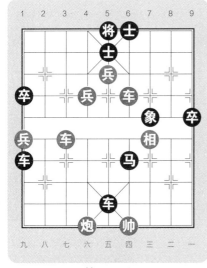

第 427 题

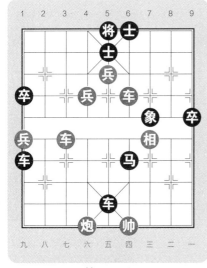

第 428 题

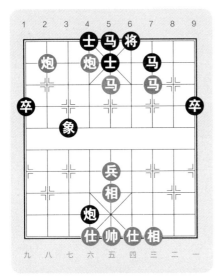

第 429 题

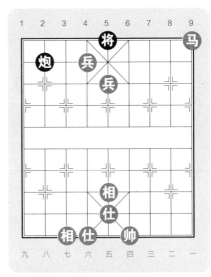

第 430 题

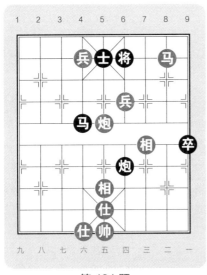

第 431 题

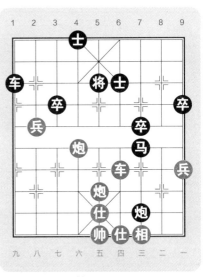

第 432 题

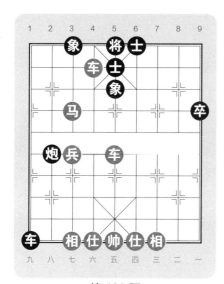

第 433 题

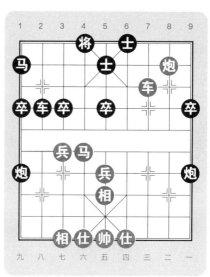

第 434 题

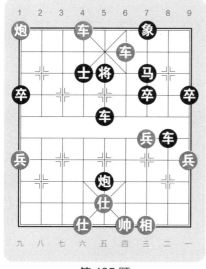

第 435 题

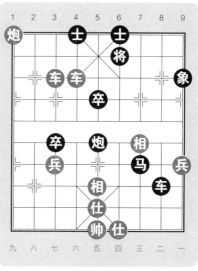

第 436 题

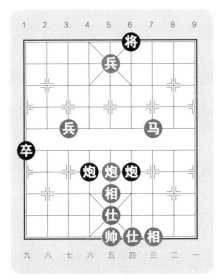

第437题

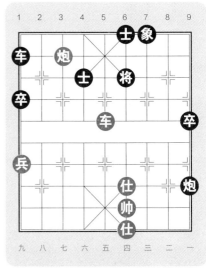

第438题

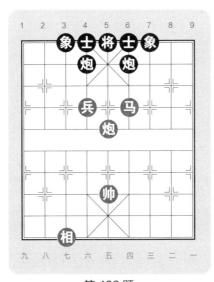

第439题

第440题

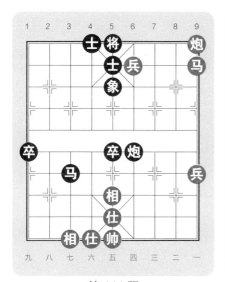

第 441 题

第 442 题

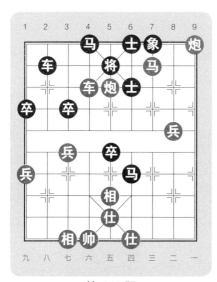

第 443 题

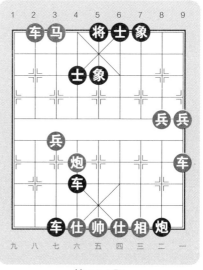

第 444 题

111

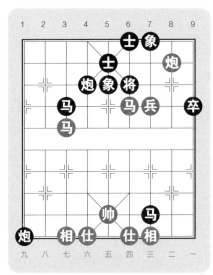

第 445 题

第 446 题

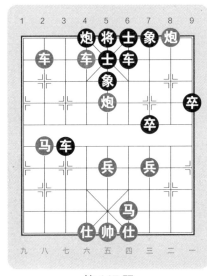

第 447 题

第 448 题

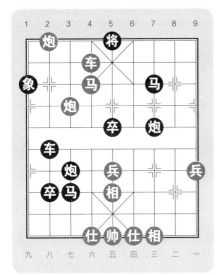

第 449 题

第 450 题

第 451 题

第 452 题

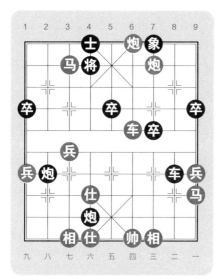

第 453 题

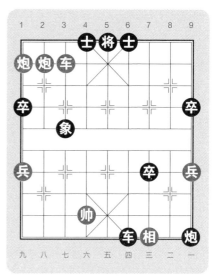

第 454 题

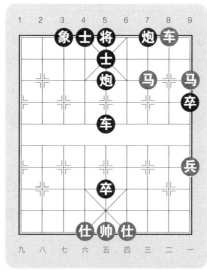

第 455 题

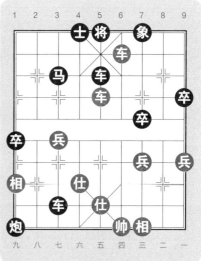

第 456 题

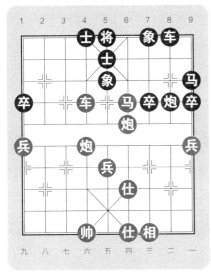

第 457 题

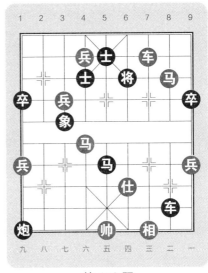

第 458 题

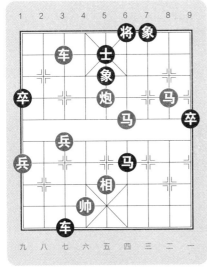

第 459 题

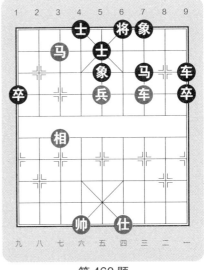

第 460 题

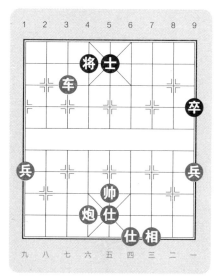

第461题

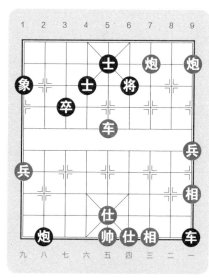

第462题

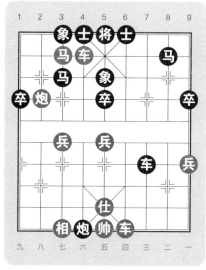

第463题

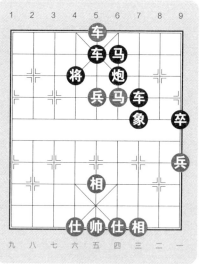

第464题

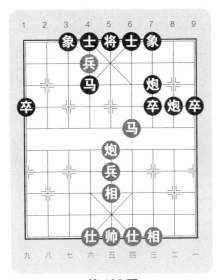

第 465 题

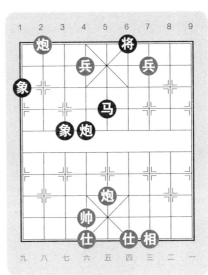

第 466 题

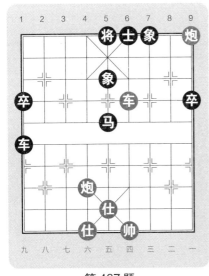

第 467 题

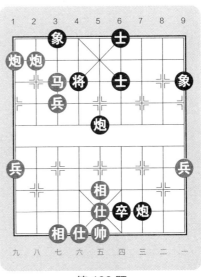

第 468 题

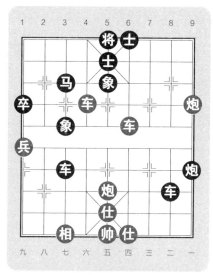

第469题

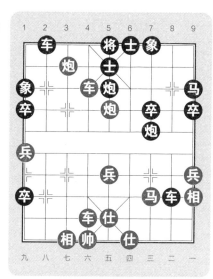

第470题

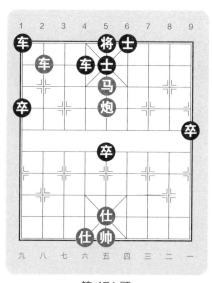

第471题

第472题

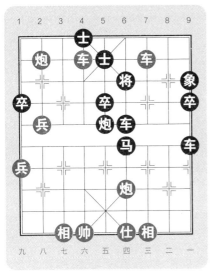

第 473 题

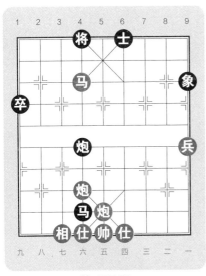

第 475 题

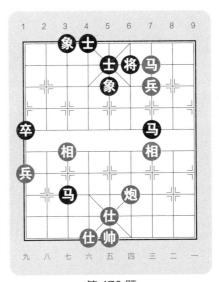

第 474 题

第 476 题

119

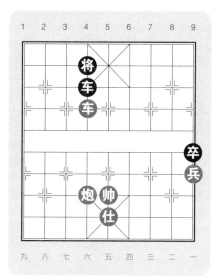

第 477 题

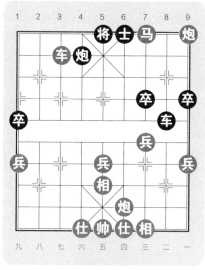

第 478 题

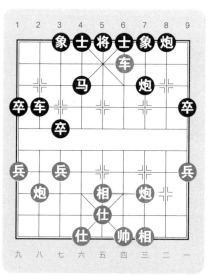

第 479 题

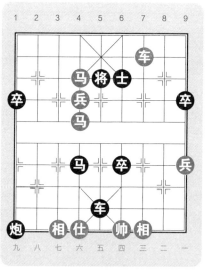

第 480 题

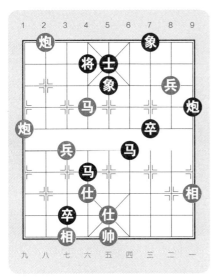

第 481 题

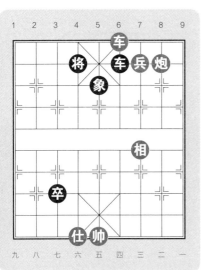

第 482 题

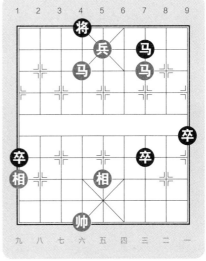

第 483 题

第 484 题

121

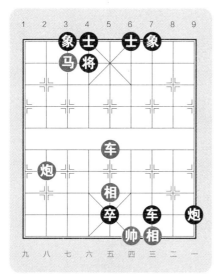

第 485 题

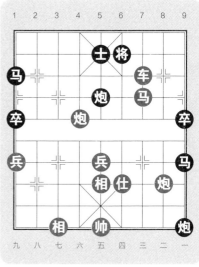

第 486 题

第 487 题

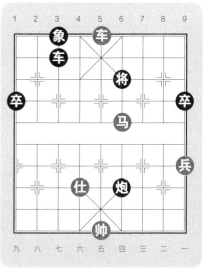

第 488 题

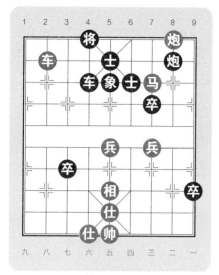

第 489 题

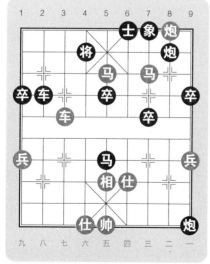

第 490 题

第 491 题

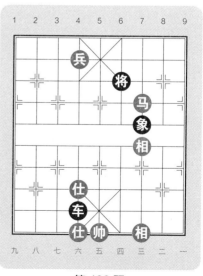

第 492 题

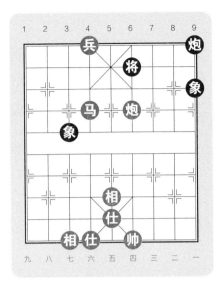

第 493 题

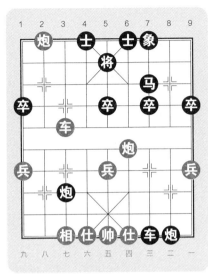

第 494 题

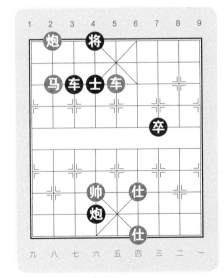

第 495 题

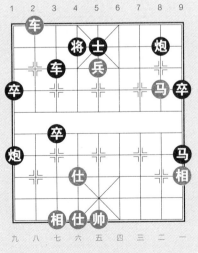

第 496 题

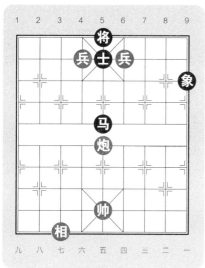

第 497 题

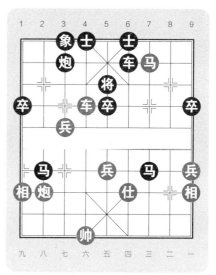

第 498 题

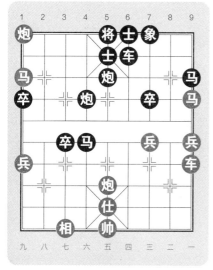

第 499 题

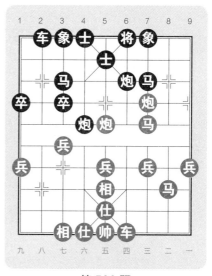

第 500 题

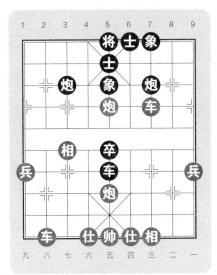

第 501 题

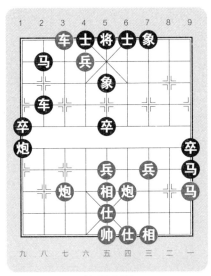

第 502 题

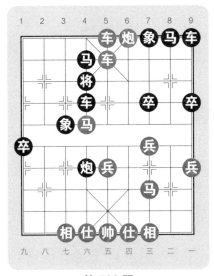

第 503 题

第 504 题

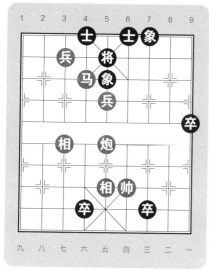

第 505 题

第 506 题

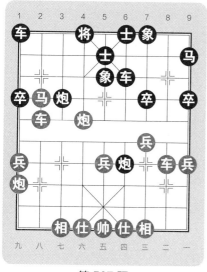

第 507 题

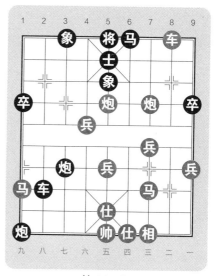

第 508 题

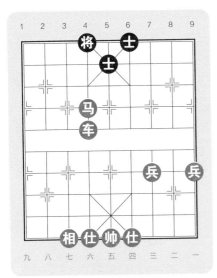

第 509 题

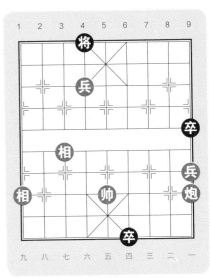

第 510 题

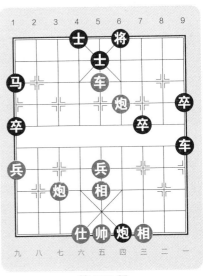

第 511 题

第 512 题

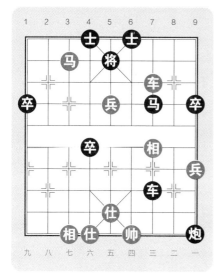

第 513 题

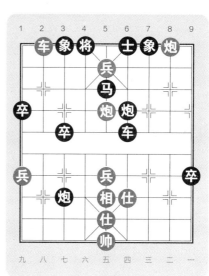

第 514 题

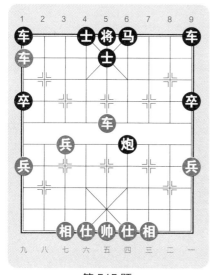

第 515 题

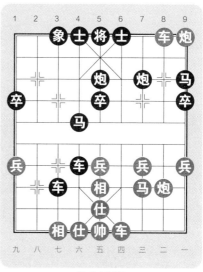

第 516 题

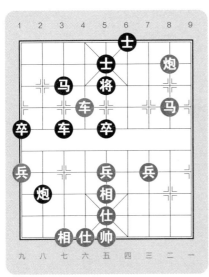

第 517 题

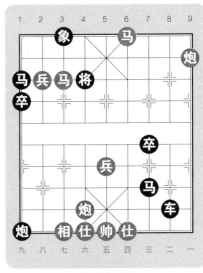

第 518 题

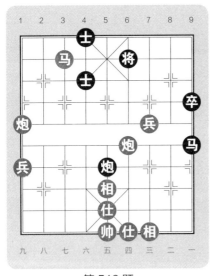

第 519 题

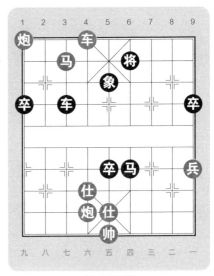

第 520 题

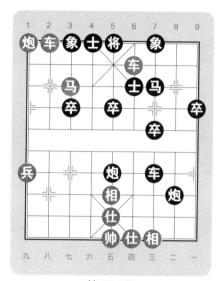

第 521 题

第 522 题

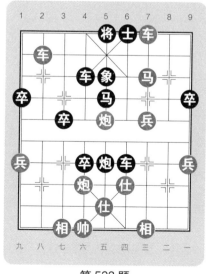

第 523 题

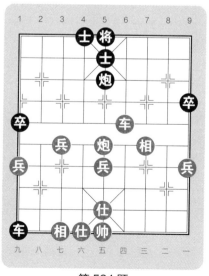

第 524 题

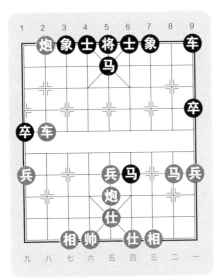

第525题

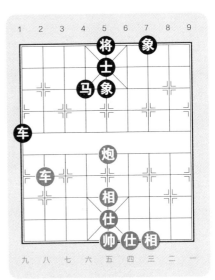

第526题

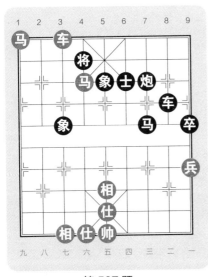

第527题

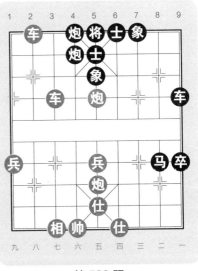

第528题

132

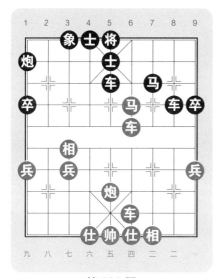

第 529 题

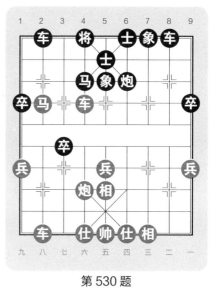

第 530 题

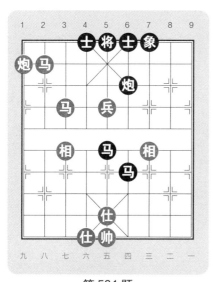

第 531 题

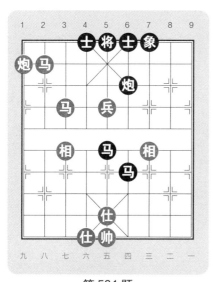

第 532 题

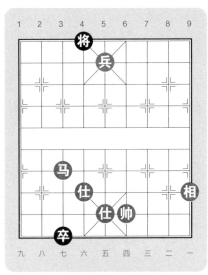

第 533 题

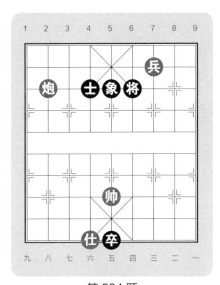

第 534 题

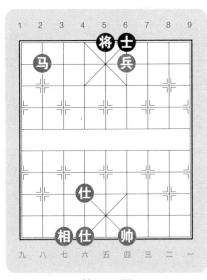

第 535 题

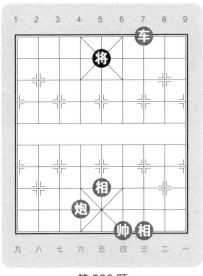

第 536 题

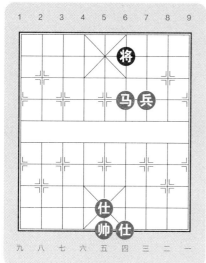

第 537 题

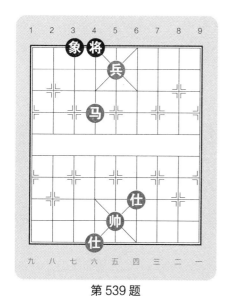

第 539 题

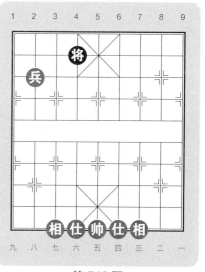

第 538 题

第 540 题

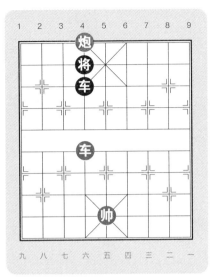

第 541 题

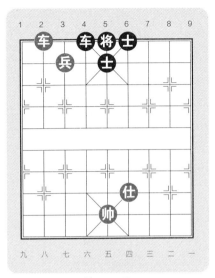

第 542 题

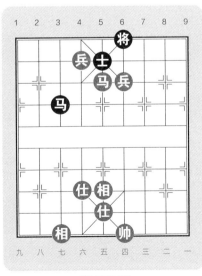

第 543 题

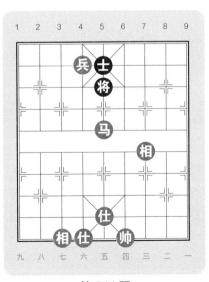

第 544 题

136

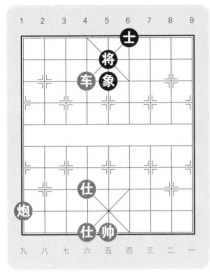

第 545 题

第 546 题

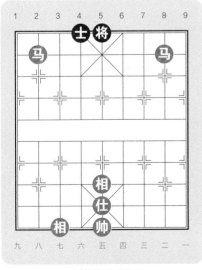

第 547 题

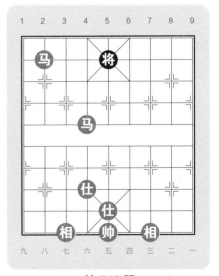

第 548 题

137

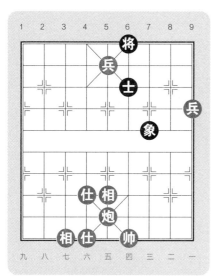

第 549 题

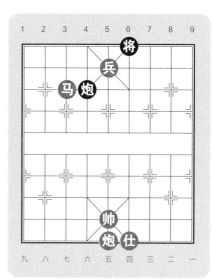

第 550 题

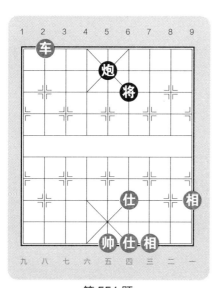

第 551 题

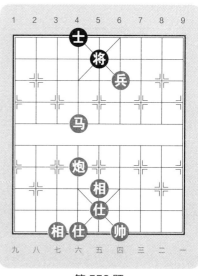

第 552 题

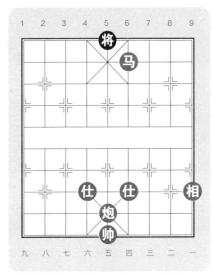

第 553 题

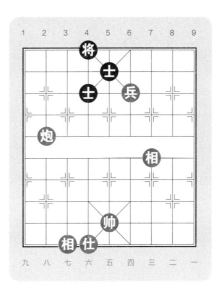

第 554 题

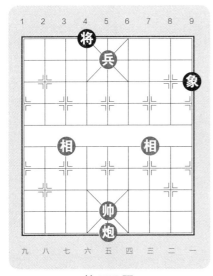

第 555 题

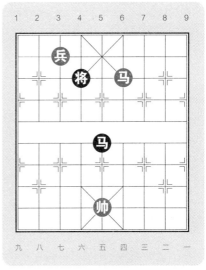

第 556 题

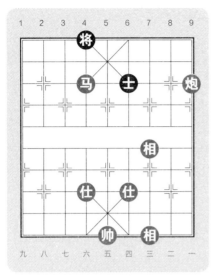

第 557 题

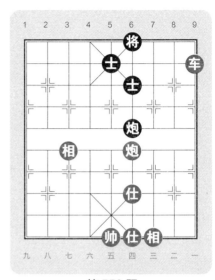

第 558 题

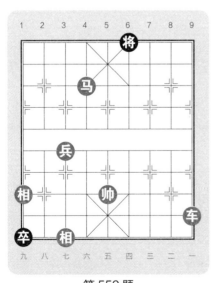

第 559 题

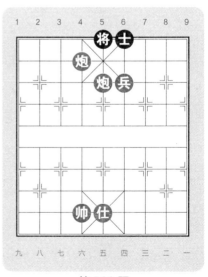

第 560 题

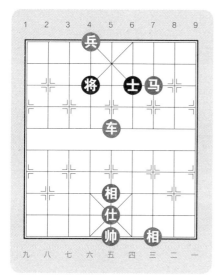

第 561 题

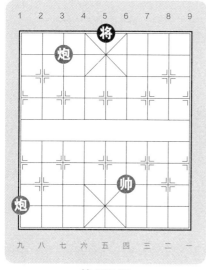

第 562 题

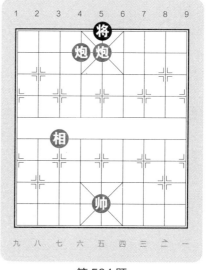

第 563 题

第 564 题

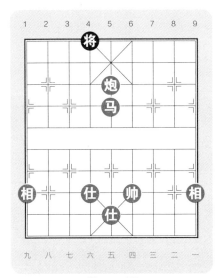

第 565 题

第 566 题

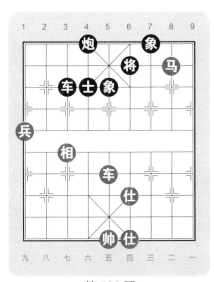

第 567 题

第 568 题

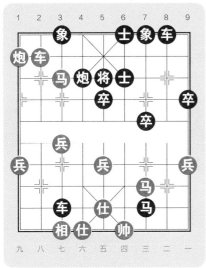

第 569 题

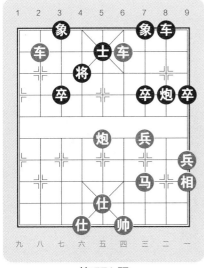

第 571 题

第 570 题

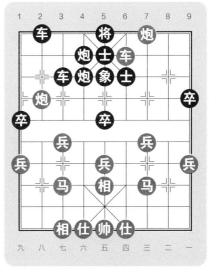

第 572 题

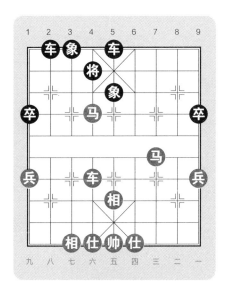

第 573 题

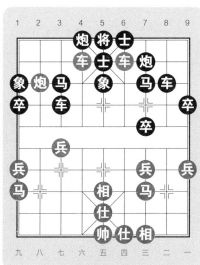

第 574 题

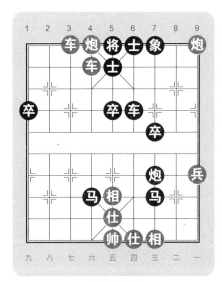

第 575 题

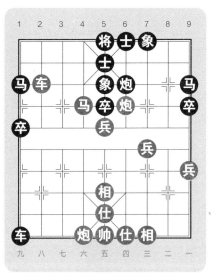

第 576 题

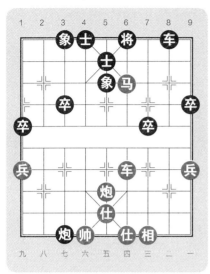

第 577 题

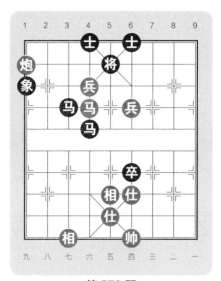

第 578 题

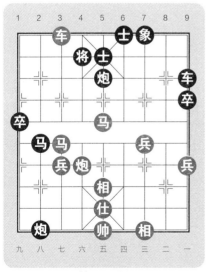

第 579 题

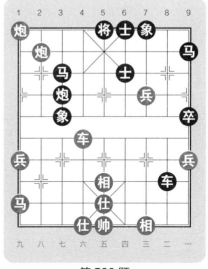

第 580 题

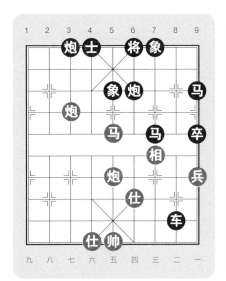

第 581 题

第 582 题

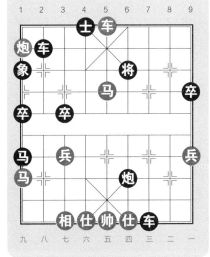

第 583 题

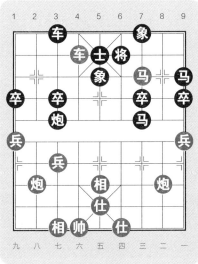

第 584 题

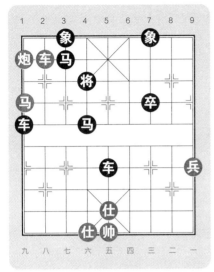

第 585 题

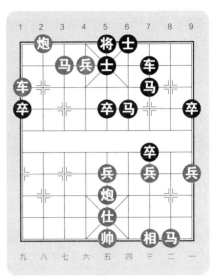

第 586 题

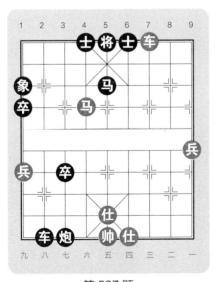

第 587 题

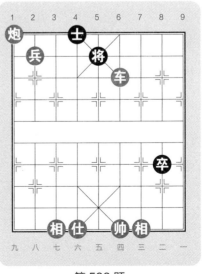

第 588 题

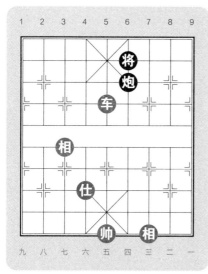

第 589 题

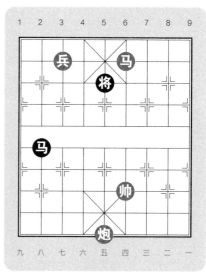

第 590 题

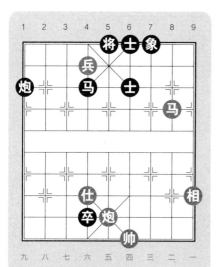

第 591 题

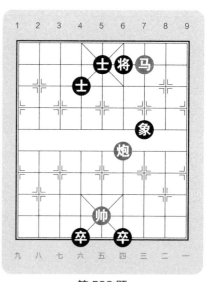

第 592 题

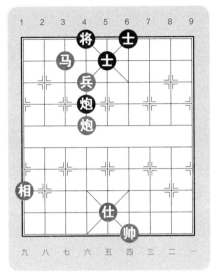

第 593 题

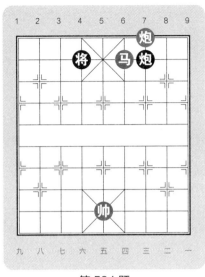

第 594 题

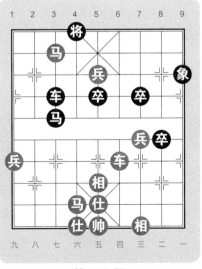

第 595 题

第 596 题

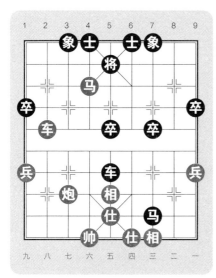

第 597 题

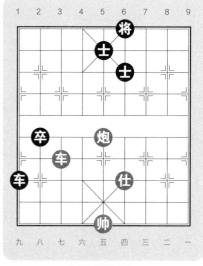

第 598 题

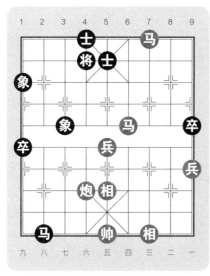

第 599 题

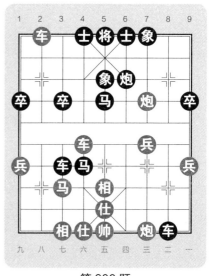

第 600 题

参考答案

第一章　1步杀

第1题
① 炮四进二

第2题
① 马六进五

第3题
① 帅五进一

第4题
① 马七进六

第5题
① 马五进七

第6题
① 相五进三

第7题
① 炮六平四

第8题
① 马五进七

第9题
① 炮一平四

第10题
① 车五平二

第11题
① 帅五平四

第12题
① 炮九平六

第13题
① 帅五进一

第14题
① 仕五退六

第15题
① 帅六退一

第16题
① 帅五平四

第17题
① 炮五平二

第18题
① 炮六进七

第19题
① 仕五进六

第20题
① 车六进一

第21题
① 相五进七

第 22 题

① 炮五平一

第 23 题

① 帅五进一

第 24 题

① 车五平六

第 25 题

① 马六进八

第 26 题

① 帅五平六

第 27 题

① 兵六平五

第 28 题

① 车五进二

第 29 题

① 帅五平六

第 30 题

① 炮九平六

第 31 题

① 前马进三

第 32 题

① 车二进四

第 33 题

① 车五退二

第 34 题

① 炮七进三

第 35 题

① 车六进二

第 36 题

① 兵六平五

第 37 题

① 炮七平四

第 38 题

① 帅四平五

第 39 题

① 炮九平七

第 40 题

① 兵一进一

第 41 题

① 炮四退四

第 42 题

① 炮一平五

第 43 题

① 相五进七

第 44 题

① 相五进七

第 45 题

① 车六进一

第 46 题

① 炮四退九

第 47 题

① 兵五进一

第 48 题

① 车九平四

第 49 题
① 车五进二

第 50 题
① 帅四平五

第 51 题
① 马二进四

第 52 题
① 车四进三

第 53 题
① 马四进二

第 54 题
① 帅五平四

第 55 题
① 兵五进一

第 56 题
① 兵二平一

第 57 题
① 帅五平四

第 58 题
① 马一进二

第 59 题
① 兵三平四

第 60 题
① 帅五平六

第 61 题
① 炮七进一

第 62 题
① 炮九进七

第 63 题
① 马四进三

第 64 题
① 帅六进一

第 65 题
① 车一平四

第 66 题
① 炮二进一

第 67 题
① 前炮平四

第 68 题
① 帅四退一

第 69 题
① 兵三平四

第 70 题
① 车六平四

第 71 题
① 兵六平五

第 72 题
① 车五平六

第 73 题
① 车二进一

第 74 题
① 兵四进一

第 75 题
① 车四退一

第 76 题
① 马四进三

第 77 题

① 马二退三

第 78 题

① 车五平六

第 79 题

① 马二进三

第 80 题

① 车五平六

第 81 题

① 马五退四

第 82 题

① 炮五平六

第 83 题

① 炮七进六

第 84 题

① 兵五进一

第 85 题

① 车四进三

第 86 题

① 炮一平六

第 87 题

① 车四进三

第 88 题

① 兵九平八

第 89 题

① 炮三退二

第 90 题

① 马五进七

第 91 题

① 兵五平六

第 92 题

① 兵七进一

第 93 题

① 车四平六

第 94 题

① 车三进四

第 95 题

① 车七退一

第 96 题

① 炮九进七

第 97 题

① 车六平五

第 98 题

① 马六进七

第 99 题

① 马八退六

第 100 题

① 车八退二

第 101 题

① 炮二退一

第 102 题

① 马四进六

第 103 题

① 车四进一

第 104 题

① 车四进五

第 105 题

① 车八退一

第 106 题

① 兵八进一

第 107 题

① 车六平五

第 108 题

① 兵二进一

第 109 题

① 车六进一

第 110 题

① 车五进二

第 111 题

① 车四进五

第 112 题

① 车四进二

第 113 题

① 兵四平五

第 114 题

① 炮一平四

第 115 题

① 炮三平五

第 116 题

① 马三退四

第 117 题

① 车四平七

第 118 题

① 炮七进七

第 119 题

① 马八退六

第 120 题

① 马五进六

第 121 题

① 前车进二

第 122 题

① 炮五平六

第 123 题

① 马三进四

第 124 题

① 车三进五

第 125 题

① 车六平五

第 126 题

① 兵六进一

第 127 题

① 车五平四

第 128 题

① 炮三平六

第 129 题

① 炮四平七

第 130 题

① 炮七进三

第 131 题

① 马五进三

第 132 题

① 兵四平五

第 133 题
① 车四进七

第 134 题
① 兵六平五

第 135 题
① 车六进三

第 136 题
① 兵三平四

第 137 题
① 兵四进一

第 138 题
① 马七退六

第 139 题
① 车四平五

第 140 题
① 车六进一

第 141 题
① 车七进五

第 142 题
① 马五进七

第 143 题
① 马七退六

第 144 题
① 车四进一

第 145 题
① 车五进二

第 146 题
① 车四平五

第 147 题
① 马五退三

第 148 题
① 车九平八

第 149 题
① 后车进五

第 150 题
① 兵五平六

第 151 题
① 车四进六

第 152 题
① 车一进二

第 153 题
① 马五退七

第 154 题
① 炮五进三

第 155 题
① 车二进三

第 156 题
① 车六进九

第 157 题
① 炮四平五

第 158 题
① 马七进六

第 159 题
① 兵七进一

第 160 题
① 车二平四

第 161 题
① 车六进三

第 162 题
① 炮七进三

第 163 题
① 马八进七

第 164 题
① 车六退二

第 165 题
① 炮八进二

第 166 题
① 车四进四

第 167 题
① 马四进三

第 168 题
① 马七进六

第 169 题
① 马五进七

第 170 题
① 车八进九

第 171 题
① 马五退七

第 172 题
① 炮三进七

第 173 题
① 车六进三

第 174 题
① 车三平四

第 175 题
① 马五进三

第 176 题
① 马四退五

第 177 题
① 车六进三

第 178 题
① 马二进四

第 179 题
① 马五进四

第 180 题
① 车五平六

第 181 题
① 兵五平四

第 182 题
① 马三进四

第 183 题
① 兵六平七

第 184 题
① 马五进四

第 185 题
① 车六平五

第 186 题
① 车五进一

第 187 题
① 马三进四

第 188 题
① 车六退一

第 189 题

① 车六平四

第 190 题

① 车三平四

第 191 题

① 马七退六

第 192 题

① 炮五平六

第 193 题

① 兵七平六

第 194 题

① 车七退三

第 195 题

① 马八进六

第 196 题

① 炮七退二

第 197 题

① 炮二进一

第 198 题

① 车八平六

第 199 题

① 车二平三

第 200 题

① 马八进七

第 201 题

① 车四进七

第 202 题

① 后炮进五

第 203 题

① 车五平六

第 204 题

① 马六进七

第 205 题

① 兵七进一

第 206 题

① 兵五平四

第 207 题

① 车五平六

第 208 题

① 车四进一

第 209 题

① 车六平五

第 210 题

① 马六进七

第 211 题

① 马八退六

第 212 题

① 车八退二

第 213 题

① 车七进三

第 214 题

① 马五进四

第 215 题

① 马四进三

第 216 题

① 车四进五

第 217 题
① 车七平六

第 218 题
① 马六退五

第 219 题
① 炮三进二

第 220 题
① 车四进一

第 221 题
① 车四进一

第 222 题
① 车四平六

第 223 题
① 兵六进一

第 224 题
① 兵三平四

第 225 题
① 车九平六

第 226 题
① 车一退一

第 227 题
① 兵四进一

第 228 题
① 炮七进二

第 229 题
① 马七进六

第 230 题
① 马七进八

第 231 题
① 兵三平四

第 232 题
① 兵六进一

第 233 题
① 炮三进三

第 234 题
① 马七退六

第 235 题
① 炮三平四

第 236 题
① 马四退五

第 237 题
① 车八进二

第 238 题
① 马五进七

第 239 题
① 车八平六

第 240 题
① 车六平四

第 241 题
① 车六平四

第 242 题
① 车八退一

第 243 题
① 炮四进一

第 244 题
① 炮五平六

第 245 题
① 炮五平六

第 246 题
① 车五平四

第 247 题
① 马五进六

第 248 题
① 仕五进六

第 249 题
① 炮三进五

第 250 题
① 车九退一

第 251 题
① 车六平四

第 252 题
① 炮五平四

第 253 题
① 车二进五

第 254 题
① 马三退五

第 255 题
① 车五进二

第 256 题
① 车五平四

第 257 题
① 兵六进一

第 258 题
① 炮六退一

第 259 题
① 车六进六

第 260 题
① 炮三进四

第 261 题
① 马三进四

第 262 题
① 马七退六

第 263 题
① 兵四进一

第 264 题
① 马七退六

第 265 题
① 马九进八

第 266 题
① 兵七平六

第 267 题
① 炮二退一

第 268 题
① 马五退三

第 269 题
① 马四退五

第 270 题
① 车三进一

第 271 题
① 兵三进一

第 272 题
① 车二进二

第 273 题
① 车一退一

第 274 题
① 车五平六

第 275 题
① 车四进一

第 276 题
① 车八平六

第 277 题
① 车六退一

第 278 题
① 车六进一

第 279 题
① 车六进一

第 280 题
① 马五进六

第 281 题
① 车五退一

第 282 题
① 车六平四

第 283 题
① 车六平四

第 284 题
① 车一平六

第 285 题
① 车六进一

第 286 题
① 炮八进七

第 287 题
① 仕四退五

第 288 题
① 马七进八

第 289 题
① 炮二进七

第 290 题
① 马六进四

第 291 题
① 兵四进一

第 292 题
① 车五退一

第 293 题
① 炮五进六

第 294 题
① 马四进三

第 295 题
① 炮四退一

第 296 题
① 马五进三

第 297 题
① 马七退六

第 298 题
① 车二平六

第 299 题
① 车三进三

第 300 题
① 车四进二

161

第二章　2步杀

第301题
① 马二退四　将5平6
② 炮五平四

第302题
① 车三平四　将5进1
② 车一平四

第303题
① 车九平五　马7进6
② 炮五平六

第304题
① 车七退一　将4退1
② 车七平五

第305题
① 兵三平四　炮2平6
② 兵四进一

第306题
① 炮六进二　车6平4
② 车六进一

第307题
① 车四进一　将5平6
② 炮二平四

第308题
① 马二退三　炮5平7
② 帅五退一

第309题
① 炮二平五　士5进4
② 炮七平五

第310题
① 车二平五　将5平6
② 炮二进七

第311题
① 炮五平七　车8平6
② 炮七进二

第312题
① 帅四退一　将5退1
② 兵六进一

第313题
① 车三进九　士5退6
② 车三平四

第314题
① 车四平五　将4进1
② 车五平六

第315题
① 车四进一　将5进1
② 车四退一

第316题
① 马四退六　炮3进1
② 马六进七

第317题
① 车三平二　将6退1
② 车二进二

第 318 题

①车六进一　车 7 平 3

②车三平五

第 319 题

①炮三进六　将 5 进 1

②车二进八

第 320 题

①兵六平五　马 4 退 5

②车五退二

第 321 题

①车一平四　马 2 进 3

②车四进七

第 322 题

①车五进一　将 5 进 1

②车二退一

第 323 题

①炮五退四　将 6 进 1

②炮五平四

第 324 题

①兵五进一　将 5 平 4

②帅六进一

第 325 题

①车三平四　车 3 进 2

②车四进二

第 326 题

①车四平五　将 5 平 4

②车三平四

第 327 题

①车六退一　车 7 平 5

②车六进二

第 328 题

①马四进六　将 6 退 1

②兵六平五

第 329 题

①车六平四　士 5 退 6

②车二平四

第 330 题

①炮七平四　士 6 退 5

②炮五平四

第 331 题

①车七平五　士 6 进 5

②车五进一

第 332 题

①马五进六　将 6 退 1

②前马退四

第 333 题

①炮七平五　将 5 平 6

②车六平四

第 334 题

①炮九平六　将 4 进 1

②车五平六

第 335 题

①马四退五　士 6 退 5

②马五进三

第 336 题

① 兵四进一　将 4 进 1

② 马七进八

第 337 题

① 车六平四　炮 4 平 6

② 车四进二

第 338 题

① 炮七平六　士 4 退 5

② 炮五平六

第 339 题

① 车四进一　士 5 退 6

② 马五进三

第 340 题

① 炮二平五　象 7 退 5

② 炮五进七

第 341 题

① 车二进八　将 6 进 1

② 车一退二

第 342 题

① 帅五平六　车 7 进 2

② 车六进一

第 343 题

① 车九平六　前炮平 6

② 车六进七

第 344 题

① 车六进一　将 5 退 1

② 车六进一

第 345 题

① 马六进五　士 6 进 5

② 马五进三

第 346 题

① 炮八平三　车 3 平 6

② 炮三进五

第 347 题

① 车六进三　象 3 进 5

② 兵四进一

第 348 题

① 马五进七　炮 8 平 5

② 炮五进二

第 349 题

① 车二退一　将 5 进 1

② 兵六平五

第 350 题

① 车六退一　象 3 退 5

② 车六平五

第 351 题

① 马三进二　炮 7 退 3

② 相三退五

第 352 题

① 帅四平五　卒 2 平 3

② 马八退七

第 353 题

① 炮八进五　将 4 进 1

② 马六进八

第 354 题

① 马五退三　车 7 退 3

② 车五平四

第 355 题

① 车三平五　后炮平 8

② 炮五平四

第 356 题

① 马六进七　将 4 进 1

② 帅五退一

第 357 题

① 车三进一　车 6 退 8

② 车三平四

第 358 题

① 车四进三　士 5 退 6

② 马五进四

第 359 题

① 兵七进一　将 4 进 1

② 炮三进六

第 360 题

① 车三退一　将 6 退 1

② 车三平五

第 361 题

① 兵四进一　将 6 进 1

② 炮四退二

第 362 题

① 兵六进一　将 5 平 6

② 炮五平四

第 363 题

① 兵四进一　将 6 退 1

② 兵四进一

第 364 题

① 兵六平五　卒 9 进 1

② 兵一进一

第 365 题

① 炮三进一　炮 7 平 8

② 炮三进一

第 366 题

① 炮五进一　卒 6 进 1

② 帅四进一

第 367 题

① 仕六退五　卒 4 进 1

② 仕五进六

第 368 题

① 车七进七　将 5 平 6

② 车七平五

第 369 题

① 马二进四　卒 3 平 4

② 兵六进一

第 370 题

① 兵七进一　士 5 进 4

② 兵七进一

第 371 题

① 兵二平三　炮 5 平 6

② 兵三平四

165

第 372 题
① 兵五进一　将 6 进 1
② 帅五进一

第 373 题
① 马七退六　卒 7 平 6
② 马六进四

第 374 题
① 炮五退三　士 5 进 6
② 炮五平六

第 375 题
① 炮六进七　象 5 退 3
② 炮六退一

第 376 题
① 炮五进六　士 5 进 4
② 炮五退一

第 377 题
① 炮三进四　马 6 进 4
② 炮四进一

第 378 题
① 炮五进二　士 4 进 5
② 帅五平六

第 379 题
① 炮二平六　象 9 退 7
② 炮四平六

第 380 题
① 车五进一　马 5 进 7
② 仕五进六

第 381 题
① 马三退五　将 6 进 1
② 马五退三

第 382 题
① 马八进七　将 5 平 6
② 马七退六

第 383 题
① 帅五进一　将 6 退 1
② 马四进二

第 384 题
① 马七进五　将 5 平 6
② 马五进六

第 385 题
① 马六进七　将 5 进 1
② 炮九进六

第 386 题
① 马二退四　将 5 平 6
② 炮五平四

第 387 题
① 车七平四　士 5 进 6
② 马五进六

第 388 题
① 车五退七　将 4 进 1
② 车五进六

第 389 题
① 兵六进一　士 5 退 4
② 马四进六

第 390 题
① 炮六退三　炮 4 平 2
② 仕五进六

第 391 题
① 马八退六　将 5 平 4
② 炮四平六

第 392 题
① 车六进三　将 5 进 1
② 车六退一

第 393 题
① 炮九退四　马 2 退 4
② 炮九平六

第 394 题
① 兵六平五　将 6 平 5
② 车三进一

第 395 题
① 车二平四　车 2 进 7
② 车四进一

第 396 题
① 仕四退五　卒 5 进 1
② 帅五进一

第 397 题
① 车二进一　士 5 退 6
② 车二平四

第 398 题
① 车二平四　士 5 进 6
② 车四进一

第 399 题
① 车五平六　将 4 平 5
② 炮六平五

第 400 题
① 车六进三　将 4 进 1
② 仕五进六

第 401 题
① 帅五退一　将 6 退 1
② 兵四进一

第 402 题
① 车五退一　炮 2 平 5
② 马九进八

第 403 题
① 车二平四　将 6 平 5
② 车六平五

第 404 题
① 马八进七　将 4 进 1
② 车八退二

第 405 题
① 车四退一　将 5 进 1
② 炮一平五

第 406 题
① 车七平五　车 2 进 2
② 车三平五

第 407 题
① 马二进四　车 2 进 3
② 车七平六

167

第 408 题
① 车五平四　车 2 平 6
② 车四退一

第 409 题
① 车七平五　将 4 退 1
② 车五进二

第 410 题
① 兵五平四　卒 6 进 1
② 马六退五

第 411 题
① 兵三平四　将 6 进 1
② 车六平四

第 412 题
① 炮六退七　将 6 进 1
② 车六退二

第 413 题
① 马八进七　将 4 进 1
② 兵六进一

第 414 题
① 炮五平八　炮 9 平 5
② 炮八进七

第 415 题
① 车六进一　将 6 进 1
② 车六平四

第 416 题
① 车一退一　将 6 退 1
② 兵七平六

第 417 题
① 车三平四　后马退 6
② 马三进二

第 418 题
① 后车进四　将 6 进 1
② 前车平四

第 419 题
① 车六平五　车 2 平 1
② 车五平四

第 420 题
① 后炮进六　马 4 进 5
② 车九进四

第 421 题
① 车二平五　车 2 平 5
② 车五进一

第 422 题
① 兵四平五　炮 4 进 2
② 兵六进一

第 423 题
① 炮六平四　车 4 退 8
② 炮四退一

第 424 题
① 马六退四　将 5 进 1
② 车三退一

第 425 题
① 炮四平五　象 3 进 5
② 炮九进三

168

第 426 题

① 车六平五　将 5 平 6

② 车五平四

第 427 题

① 车七进五　士 5 退 4

② 车七平六

第 428 题

① 车七进三　将 4 退 1

② 车七平五

第 429 题

① 马五进三　士 5 进 6

② 前马进一

第 430 题

① 马一退三　炮 2 平 7

② 兵五进一

第 431 题

① 炮五平四　士 5 进 6

② 兵四进一

第 432 题

① 车四平五　将 5 平 4

② 炮五平六

第 433 题

① 马七进五　炮 2 平 5

② 马五进三

第 434 题

① 炮二进一　将 4 进 1

② 马六进五

第 435 题

① 车六平五　士 4 退 5

② 车四退一

第 436 题

① 车六平四　将 6 平 5

② 车七进一

第 437 题

① 马三进五　炮 6 退 3

② 兵五平四

第 438 题

① 帅四平五　车 1 平 3

② 车五平四

第 439 题

① 马四进五　将 5 进 1

② 兵六平五

第 440 题

① 车四进三　将 6 平 5

② 马五进三

第 441 题

① 马一退三　马 3 进 5

② 马三进四

第 442 题

① 兵二平三　马 6 退 8

② 马三退二

第 443 题

① 车六进二　车 2 平 4

② 车六退一

第 444 题

① 马七退六　将 5 进 1

② 车八退一

第 445 题

① 兵三进一　将 6 退 1

② 马四进三

第 446 题

① 仕五进六　炮 3 平 4

② 马八进七

第 447 题

① 车六平五　车 6 平 5

② 车八平五

第 448 题

① 炮三平一　卒 5 平 4

② 炮一退一

第 449 题

① 车六平一　将 5 平 4

② 炮七平六

第 450 题

① 车六进一　车 2 平 4

② 车六进一

第 451 题

① 车五进一　将 6 退 1

② 车五进二

第 452 题

① 兵四进一　炮 3 平 6

② 车四平五

第 453 题

① 炮四退一　将 4 进 1

② 车四进二

第 454 题

① 炮八进一　士 4 进 5

② 炮九进一

第 455 题

① 车二平三　士 5 退 6

② 车三平四

第 456 题

① 车五进一　士 4 进 5

② 车四进一

第 457 题

① 炮六平五　炮 8 平 6

② 车六进三

第 458 题

① 马二退三　将 6 平 5

② 马六进四

第 459 题

① 马四进三　将 6 进 1

② 车七平五

第 460 题

① 车三平四　士 5 进 6

② 车四进一

第 461 题

① 仕五进六　士 5 进 4

② 车七平六

第462题

① 仕五进六　车9平7

② 车五进二

第463题

① 车六退八　将5进1

② 炮八进二

第464题

① 车五退一　车7平6

② 兵五进一

第465题

① 马四进三　马4进6

② 兵六平五

第466题

① 兵六进一　象1退3

② 兵六平七

第467题

① 车四进三　将5进1

② 车四退一

第468题

① 兵七平六　将4平5

② 炮八退一

第469题

① 炮一进三　车8退7

② 车四进四

第470题

① 前车进二　车2平4

② 车六进八

第471题

① 车八平六　车1平3

② 马五进三

第472题

① 车四退一　将5退1

② 车八平五

第473题

① 车六平五　炮5退3

② 车三退一

第474题

① 马八进七　将5平4

② 车四平六

第475题

① 马六进四　将4平5

② 炮六平五

第476题

① 兵三平四　将6进1

② 马三退四

第477题

① 炮六进五　卒9进1

② 炮六平三

第478题

① 车七平六　车8退4

② 马三退四

第479题

① 炮三进七　士6进5

② 车四进一

第 480 题

① 兵六平五　　将 5 平 4

② 马六进八

第 481 题

① 马六进八　　将 4 退 1

② 炮九进四

第 482 题

① 车三平五　　将 4 进 1

② 炮八进三

第 483 题

① 兵三平四　　将 4 进 1

② 车四平六

第 484 题

① 马三退五　　卒 1 进 1

② 马五进七

第 485 题

① 车五平六　　将 4 平 5

② 炮八进五

第 486 题

① 车三平一　　将 6 退 1

② 车一进二

第 487 题

① 马八进六　　马 8 进 7

② 车七平五

第 488 题

① 车五平四　　车 3 平 6

② 马四进六

第 489 题

① 马三进四　　象 5 退 7

② 车八进一

第 490 题

① 马三进五　　马 9 退 7

② 马五进七

第 491 题

① 马五进四　　将 4 退 1

② 车七进四

第 492 题

① 马三进二　　将 6 退 1

② 兵六平五

第 493 题

① 炮四退五　　炮 9 进 1

② 仕五进四

第 494 题

① 炮四平五　　象 7 进 5

② 车七进三

第 495 题

① 马八进七　　将 4 进 1

② 车五进一

第 496 题

① 兵五进一　　将 4 进 1

② 车八平六

第 497 题

① 帅五平六　　象 9 退 7

② 兵六平五

第 498 题

① 车六平五　将5平6

② 马三退二

第 499 题

① 马九进八　炮4退3

② 马八退六

第 500 题

① 炮三平四　炮6进7

② 马三进四

第 501 题

① 车八进九　炮3退2

② 车八平七

第 502 题

① 车七平六　马2退4

② 炮七进七

第 503 题

① 前车平六　车4进1

② 车六退一

第 504 题

① 炮二进三　将6进1

② 兵三进一

第 505 题

① 兵五进一　将5进1

② 马六退五

第 506 题

① 车四平五　车5退1

② 车六进一

第 507 题

① 炮九平六　将4平5

② 马八进七

第 508 题

① 炮三进三　马6进7

② 炮三退一

第 509 题

① 马六进四　士5进4

② 车六进二

第 510 题

① 炮一进三　卒6平7

② 炮一平六

第 511 题

① 车六退一　将5退1

② 车六平四

第 512 题

① 车五平四　将6平5

② 炮七进七

第 513 题

① 车三进一　马7退6

② 车三平四

第 514 题

① 炮五平七　马5进3

② 车八平七

第 515 题

① 车五进三　士4进5

② 车九进一

第 516 题

① 车二平四　将 5 进 1

② 车四进八

第 517 题

① 马二进三　将 5 平 6

② 车六平四

第 518 题

① 马七退六　车 8 平 4

② 马六进四

第 519 题

① 炮九进三　士 4 进 5

② 兵三平四

第 520 题

① 炮九退一　将 6 进 1

② 车六平四

第 521 题

① 车八平七　士 6 退 5

② 车七退一

第 522 题

① 车三进一　将 6 退 1

② 兵六平五

第 523 题

① 车八进一　车 4 退 2

② 车八平六

第 524 题

① 帅五平四　车 1 退 1

② 车四进四

第 525 题

① 车八平六　象 7 进 5

② 车六进四

第 526 题

① 车八进六　马 4 退 3

② 车八平七

第 527 题

① 马九退八　将 4 平 5

② 车七退一

第 528 题

① 车八平六　将 5 平 4

② 车七进三

第 529 题

① 马四进三　炮 1 平 7

② 前车进四

第 530 题

① 车六进一　将 4 平 5

② 马八进七

第 531 题

① 马八退六　将 5 进 1

② 马七进八

第 532 题

① 马二进四　车 8 平 6

② 马四进三

第 533 题

① 马七退六　卒 3 平 4

② 仕五退六

第 534 题

① 仕六进五　卒 5 平 6

② 仕五退四

第 535 题

① 帅四进一　士 6 进 5

② 帅四平五

第 536 题

① 车三平六　将 5 进 1

② 炮六平五

第 537 题

① 兵三进一　将 6 退 1

② 马四进六

第 538 题

① 车二平四　将 6 平 5

② 车四退五

第 539 题

① 马六进七　象 3 进 5

② 马七退五

第 540 题

① 兵八平七　将 4 退 1

② 兵七进一

第 541 题

① 炮六退二　将 4 退 1

② 炮六进一

第 542 题

① 车八平七　车 4 平 3

② 兵七进一

第 543 题

① 马五退七　士 5 进 6

② 兵六平五

第 544 题

① 马五进七　将 5 平 4

② 兵六平五

第 545 题

① 车六平五　将 5 平 6

② 炮九进七

第 546 题

① 车四进二　将 4 退 1

② 车四平五

第 547 题

① 马二退四　将 5 进 1

② 马八进六

第 548 题

① 帅五平四　将 5 退 1

② 马六进七

第 549 题

① 相七进九　象 7 退 5

② 炮五进六

第 550 题

① 马七进六　炮 4 平 5

② 马六退五

第 551 题

① 车八平四　炮 5 平 6

② 帅五进一

第 552 题

① 兵四进一　将 5 退 1

② 炮六平五

第 553 题

① 相一进三　将 5 平 6

② 马四退六

第 554 题

① 炮八平六　将 4 平 5

② 兵四进一

第 555 题

① 炮五平三　象 9 退 7

② 炮三进九

第 556 题

① 马四进五　将 4 平 5

② 兵七平六

第 557 题

① 马六进八　将 4 进 1

② 炮一进一

第 558 题

① 车一平五　炮 6 退 1

② 炮四进一

第 559 题

① 车一平八　卒 1 平 2

② 车八退一

第 560 题

① 炮六平一　将 5 进 1

② 炮一进一

第 561 题

① 马三进四　士 6 退 5

② 车五进三

第 562 题

① 马六进八　马 4 退 3

② 炮一平七

第 563 题

① 炮九进七　将 5 平 4

② 帅四平五

第 564 题

① 炮六平八　将 5 平 4

② 炮五平七

第 565 题

① 炮五平二　将 4 平 5

② 马五进七

第 566 题

① 车七平五　将 6 退 1

② 炮一进三

第 567 题

① 炮七退二　士 4 退 5

② 炮八退二

第 568 题

① 车五进四　炮 4 平 6

② 马二退三

第 569 题

① 马七进六　炮 4 退 1

② 车八退一

第 570 题
① 马八退七　车 4 退 7
② 车八平五

第 571 题
① 车四平五　炮 8 退 1
② 车八平六

第 572 题
① 炮八平二　后炮平 6
② 炮二进三

第 573 题
① 马六进八　将 4 平 5
② 车六进五

第 574 题
① 炮八平五　士 5 进 6
② 车四平五

第 575 题
① 炮六退七　士 5 退 4
② 车七平六

第 576 题
① 马六进七　将 5 平 4
② 车八平六

第 577 题
① 马四退二　将 6 平 5
② 马二进三

第 578 题
① 兵六平七　将 5 进 1
② 兵四进一

第 579 题
① 车七退一　将 4 退 1
② 马五进六

第 580 题
① 车六进四　炮 3 平 5
② 炮八进一

第 581 题
① 炮七平四　炮 6 进 5
② 马五进四

第 582 题
① 车二平四　士 5 退 6
② 前马进四

第 583 题
① 马五退三　车 7 退 5
② 车五退二

第 584 题
① 车六平五　将 6 进 1
② 炮二进五

第 585 题
① 车八退一　马 4 退 3
② 车八平七

第 586 题
① 兵六平五　将 5 平 4
② 车九平六

第 587 题
① 马六进四　将 5 进 1
② 车三退一

第588题

① 炮九退一　将5退1

② 车四进二

第589题

① 车五平四　将6退1

② 车四进一

第590题

① 马四退三　将5退1

② 马三退五

第591题

① 炮五进六　马4退2

② 马二进三

第592题

① 马三退四　士5进6

② 马四进六

第593题

① 兵六进一　将4平5

② 兵六进一

第594题

① 帅五进一　炮7平8

② 炮三退一

第595题

① 车五进一　将5平4

② 车二平六

第596题

① 兵五进一　车3退2

② 车四进六

第597题

① 车八进三　将5进1

② 炮七进五

第598题

① 炮五平四　将6平5

② 车七进六

第599题

① 马四进六　士5进4

② 马六进八

第600题

① 车六进五　将5进1

② 车八退一

178